U0067281

融合教育
教材教法

吳淑美　著

目次

作者簡介

吳淑美

美國密蘇里大學哲學博士
美國密蘇里大學兒童發展與家庭發展碩士
美國密蘇里大學統計碩士
國立政治大學心理學系學士

1987 年 8 月至新竹師範學院初等教育系任教，並兼任特殊教育中心主任
1989 年開始實施學前融合實驗，向當時的教育廳申請學前語障及聽障融合
　　　計畫
1993 年創立特教系，擔任第一屆特教系系主任
1994 年創立竹大附小國小融合班，向教育部申請設立特教實驗班，擔任特
　　　教實驗班計畫主持人三年，之後繼續指導融合班
2000 年創立育賢國中融合班
2000 年成立財團法人福榮融合教育推廣基金會，推廣融合教育，擔任董事
　　　長至今
2004 年完成融合校區興建（從取得土地至興建完成耗時七年）
2004 年基金會創立體制外國中融合班，長期推動融合教育
2015 年基金會國中融合班轉型為非學校融合教育團體實驗，擔任計畫主持
　　　人

　　這些年來最常被問到兩個問題：(1) 為什麼能堅持融合教育的理想，一路從學前、國小辦到國中融合班？(2) 為什麼要辦一個有著三分之一學生為身心障礙生的融合班？

　　事實上支撐我長期推動融合教育的動力，是來自於融合班孩子的成長，這些孩子讓我深信融合教育是一個值得實施的教育；從 1989 年無心插柳設立學前

融合班到現在，我和融合班的孩子相處了 27 年，這個機緣不但成為我人生中一個重大的轉捩點，融合教育也成為我一生的志業。融合班教育學生包容不一樣的人，也教我如何教育不同的學生，我一直期待有一天能將這些我學會的事告訴大家，讓外界了解融合班是如何教學的。

序

　　《融合教育教材教法》一書，不只是一本教科書，也是一本實施融合教育的必備參考書，它提供了融合班的理念及教學策略，讓教師知道如何執行融合班教學，並按部就班的說明教師如何在有普通及特殊生一起學習的融合式班級中執行教學，因而它是一本實用的書，而不是只有理論的教科書。

　　本書中提及的教學方式不只針對國小融合班的普通生及特殊生而設計，也可適用一般的普通班級。

　　本書共分 13 章，詳細的介紹如何建立一融合班級，介紹獨立學習策略、多層次教學、主題教學、全語文教學、合作學習、角落教學、活動式教學、各科教學調整，及學習單調整。書中附有很多的上課實例及各類型教案與檢核表供參考，內容非常完整，可應用在國中小各種領域，作為一般國小普通班及特殊班的教學手冊。

第1章
竹大附小融合班介紹

　　參酌美國將不同類別的特殊生融合至同一班以集中特教資源的做法，吳淑美於 1989 年設立了竹大附小學前融合班，1994 年設立國小融合班。當時特殊生人數需符合自給自足式特教班人數的下限 8 名，因此國小融合班招收每班 8 名特殊生及 16 名普通生，每班有三分之一特殊生，每個年級一班，每班編制兩名特殊教育老師及一名教師助理員，歷經特教實驗班（2004 ～ 2007 年）、正式成班（2007 ～ 2011 年）及實驗計畫（2011 ～ 2014 年）三個階段。學前融合班共三個混齡班，每班有三分之一特殊幼兒，每班編制兩名學前特殊教育老師，共用一名教師助理員，同樣歷經三個階段：「學前聽障語障幼兒與普通幼兒混合之實驗研究計畫」（1989 ～ 1992 年）、正式成班（1992 ～ 2011 年）、實驗計畫（2011 ～ 2014 年），2010 年隨著班級人數降低，每班特殊生及普通生人數做了調整，學前及國小概況如表 1-1。

　　國小融合班自 1994 年起分別在新竹北門國小、苗栗竹興國小及新竹香山運動場上課，學生分在兩地上課，融合班教師為了教學而兩地往返奔波。1997 年獲退輔會捐贈土地興建融合班校舍，教育部以符合教改方案第八項「加強身心障礙學生融合教育」、「配合中央興建之重大設施」興建融合班校舍（融合教育校區），2004 年學前及國小融合班搬進融合校區。

表 1-1　竹大附小融合班班級概況

班別	教師人數	教師助理員	普通生人數	特殊生人數	班級數
4-5 歲組 （全日班）	2	1 （三班共用）	12	6	3
一年級	2	1	15	7	1
二年級	2	1	15	7	1
三年級	2	1	15	7	1
四年級	2	1	15	7	1
五年級	2	1	15	7	1
六年級	2	1	15	7	1

第一節　理論架構

　　國小融合班參酌全學校（whole schooling）的八項指標：民主、多層次教學、支持學習、多元評量、多功能空間、夥伴關係、包含所有的人、社區參與，以建構一個支持所有學生適性學習及成為民主公民的融合環境（圖 1-1）。透過融合教育所提供的課程、教學策略、支持、教學及調整來改變學校的結構及參與融合教育的老師及學生的看法，希望改變學校環境，增進普通生及特殊生的學習。全學校認為成功的融合教育來自於高品質的多層次教學，當學校以融合教育作為中心時就可增進所有學生的教育，學校及老師都會擁抱融合教育，然在實施融合的過程中一定會看到抗拒及衝突。以下是國小融合班教師八個指標之執行情形。

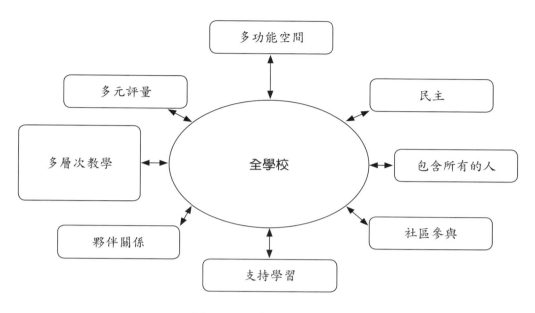

圖 1-1　全學校八個指標

一、民主

1. 班上表決的方式由學生自行討論決定。
2. 教學生表決的思考過程及重點。
3. 對於班級事務，全體學生均有參與及表決權。
4. 視情況開放部分權力給學生，如班級幹部於老師不在時有權決定班上事項。
5. 提供選擇的機會，引導學生做適切的決定。
6. 以尊重為前提發言與行動，並於平日教導尊重的方式。

二、包含所有的人

1. 每個人皆有表達與參與權，不因特殊需求而不同。
2. 身體力行對學校及生活周遭每一個人表達感謝與問候，如工友、警衛、清潔阿姨。

三、社區參與

1. 配合課程介紹地方及社區組織，進而學習參與應用。
2. 繪製社區（居住環境）地圖，帶至學校和同學討論分享。
3. 學習看平面圖，並試著分享至該地的經驗。
4. 依主題進行校外教學，結合所學身體力行。
5. 介紹慈善機關（如麥當勞叔叔之家、創世基金會），並於班上放置發票箱，定期蒐集捐贈。

四、支持學習

1. 班上座位以異質性分組進行教學。
2. 教師設計適性課程進行學習。
3. 強調每個學生的需求不同，不強調特殊生、普通生的分別。
4. 增強制度除個人積分外，另加小組加分。

五、夥伴關係

1. 設計活動，讓班上每個學生都能達到最大參與度。
2. 和夥伴老師建立默契，獎勵及規則一致。
3. 和同領域老師成為夥伴關係，共同討論、設計整體課程。
4. 和家長成為教學上及學生的夥伴。
5. 和學校建立夥伴關係，隨時保持管道暢通，以便學校提供行政支援。

六、多元評量

1. 先進行診斷評量，評估起點能力。
2. 運用診斷設計／調整課程。
3. 運用課堂操作評量。

4. 觀察評量、口頭評量。

5. 同儕互評回饋。

6. 運用小組活動方式的評量。

7. 運用學習單紙筆評估。

七、多功能空間

1. 教室內有讀書角、遊戲角、電腦角等，每班空間依課程設計做調整。

2. 各空間保持最大運用彈性，避免單一功能使用為原則。

第二節　實驗重點

　　竹大附小融合班中普通生占了大半以上，因此不是特殊班，只是特殊生人數比一般普通班的特殊生人數還多，這樣的班級，學生之間程度差異大，要做到適性教育極其不易，唯有善用融合教育理論及技巧才能達到適性教育之要求，其實驗重點如下：

一、輔導目標

（一）特殊生的輔導目標

1. 參與課堂活動。

2. 能和同學及老師建立良好關係。

3. 發展自信心及信任他人的情意目標。

4. 適應學校環境。

5. 和自己比較能有進步。

（二）普通生的輔導目標

　　除了達到小學教育所應達成的目標外，更希望在這樣一個融合教育的環境中，能培養普通生正確的社交觀念及同理心，不會有歧視特殊生的心理，同時也

希望他們能和特殊生共同從事一些活動，互相合作。

二、實施方式

（一）特殊生

採融合教育方式安置，盡可能讓普通生及特殊生在同一班級學習，並實施同儕教學、社會技巧訓練。特殊生課程由班上兩位教師負責，及一位教師助理員協助，並視特殊生需要安排個別輔導。教學可以在原來班級，亦可抽出到其他教室接受輔導，教學除團體教學外，並安排小組教學、個別教學。教學方式參考國外融合班課程模式，以達因材施教之目的。

（二）普通生

其課程同樣由同班之兩位教師及一位教師助理員負責，課程內容和其他學校普通生相同，視需要安排與特殊生同組上課，不因班上有特殊生而影響其學習。

三、學習型態

學習型態可以分為下列數種：

1. 個別化教學：依特殊生的需要，安排語言、認知、生活訓練、感覺統合等訓練。特殊訓練課程除了安排個別時間外，盡量融合在日常生活之中，並依特殊生的需要安排主要課程及輔導課程，隨時調整課程內容，改進教學方法。例如語文訓練課程盡量安排在國語教學科活動之中。
2. 小組教學：採異質及同質性團體分組，分成兩組。
3. 團體教學：有些科目全班一起上。
4. 角落教學（learning center）：包括語文、數學、自然等角落，讓學生計畫如何在角落工作、學習及評鑑，以培養獨立思考、共同合作的能力。配合角落教學，教室內布告欄上有一自我計畫欄，用來記錄學生選取角落的情形。在自我計畫欄上有一個時鐘，老師會撥上學習角落開放的時間，每個學習區在自我計畫欄上會有一個固定的位置，且下面都放了一些格子，

讓學生把自己的名牌插入屬於這個學習區的格子內，至於每個學習區格子的數目可視課程難度而定，假如某個學習區的格子已滿，學生就必須另做選擇，在完成學習區的活動並且經過老師簽名後，學生可以轉到其他的學習區。由此可見，學習區的設置可以讓學生養成自我決定及養成對材料負責的習慣。

四、教學原則

一般而言教學多採小組方式進行，利用多層次教學的原則，以活動的方式呈現並輔以圖片教具。有些單元可以合併一起上，特殊生可以合組和普通生一起上課，亦可針對其不會的部分給予補救教學。教學的原則為盡量提供操作機會配合教具教材，使教學生動活潑。教學原則如下：

1. 融合班中每班 24 名學生中有 8 名需要接受特殊教育服務的特殊生，其他 16 名為普通生，教學需兼顧普通生及特殊生需求。
2. 教學科目以國小普通班科目為架構，再將特殊生學習內容融入普通生學習內容中。
3. 特殊生學習內容以生活化、實用化為主，並參酌教育部頒訂的特教新課綱。
4. 各科教學盡量與其他科目做聯絡教學，並訂定整學期教學聯絡計畫。
5. 上課時教師要設法讓特殊生也能參與教學，教學採多層次，同時給予不同難度的目標，例如上到因數與倍數時，要求特殊生指認奇數及偶數，普通生照普通教育既定目標進行。
6. 在作業要求上，應先要求學生做好課本習題，如課堂上未做好，可要求學生在下午作業指導時間做好，如仍未做好，可要求其帶回家做，指定作業一定要批改訂正，如學生指定作業已做好，則利用其他時間做補充作業。有些作業可當成親子作業給學生帶回家由家長批閱。
7. 教師教學前要善加準備，熟悉教具、教材。分組上課前必須先經過協調，取得共識，否則教學形成不同面貌。
8. 讓家長參與並和其互動非常重要。

五、對融合班學生的期待

1. 學習與不同程度及能力的人相處。
2. 能尊重個別差異。
3. 了解平等的意義。
4. 學習合作。
5. 學習主動參與、自動自發、管理自己及為自己負責。
6. 能具有蒐集資料及歸納分析的能力。
7. 能具溝通及發表的能力。
8. 能將學業技巧運用在生活上。
9. 能主動學習。
10. 普通生及特殊生和平相處並建立友誼。
11. 注重健康及安全。
12. 肯定自我及自尊。
13. 具備做選擇的能力。
14. 能自我控制及自我管理。
15. 能在活動中融合與參與。

六、融合班與其他班級的比較

(一) 融合班中的學障生和資源班中學障生的比較

1. 融合班中的學障生未提供抽出的服務，資源班有提供。
2. 融合班中的學障生有個別化教育計畫（IEP），資源班也有。
3. 融合班中的學障生 IEP 目標各科都有，且在教室中執行；資源班中的學障生 IEP 只限主要學科，無法在教室中執行。

(二) 融合班中的智障生和啟智班中特殊生的比較

1. 融合班中的智障生有普通同儕作為學習的榜樣，啟智班沒有。

2. 融合班中的智障生有 IEP，啟智班也有。

3. 融合班中的智障生 IEP 涵蓋了跨情境（生活教育）、作息及課程目標（各科都有），且在教室中執行；啟智班中的智障生的課程 IEP 以功能性的學科及生活教育為主。

4. 融合班中的智障生有和普通生一起上的課，也有分成小組的教學，啟智班多是以特殊生為主的教學。

（三）融合班的教學和別的普通班級比較

融合班能提供：

1. 各種教學型態的教學：包括團體（全班）、小組、個別、戶外教學等。

2. 同儕教學：提供當小老師的機會，座位安排採互動式並安排遊戲團體及社會互動訓練。

3. 活動式教學：將教學內容用深入淺出的方式自然地傳遞給學生，透過活動安排讓枯燥的課程生動化、活潑化，達到不同領域的目標，特殊生學習目標自然融入教學活動中，在教學活動的安排上依學生的能力、興趣，循序漸進地引導學生探索學習，使學生能得到適性的發展，並培養將來適應社會、參與社會及服務社會的能力。教學以分科為主，但需跨領域及科目，例如上自然課「果凍」單元時帶入數及買賣；上健康教育時透過演戲或角色扮演等活動了解情緒管理；國文課透過大家開講及課文接力活動來了解課文涵義；公民課透過選擇、民意調查等活動了解民主與法治的概念。

4. 角落的設置：國小教室裡有各種學習區（角落）的設置，每個年級安排角落課讓學生在角落操作，增進學習的精熟度及延伸課堂的學習，包括閱讀角、語文角、數學角、科學角、個別輔導角、人文社會角等，完全依學生的需要而布置，並安排及設計學生互動的機會。

5. 合作學習：製造合作機會讓普通生及特殊生共同完成一個作業或工作，依每個人的長處分配工作，讓每個人都有貢獻。例如合作完成主題海報及報告，培養學生合作及彙整、歸納及分析資料的能力。

6. 完整的學習內容，廣泛運用各類資源：除了教室中的學習，亦重視自然情境中的學習及生活教育。設計課程時考量學生個別差異，針對特殊生調整教學策略、教學環境及上課的材料，視需要給予和普通生不同的教材或教

具，揚棄「統一教材、統一進度」的教學，允許學生有不同的學習目標。

7. 基本學業智能：以因應未來升學之挑戰。

8. 情緒智商的成長：激發利社會行為，例如助人、替別人著想、合作、友善、慷慨等行為，是一成長過程難得的經驗。

9. 主題教學：將各科融在一主題之下，打破科目的界線，讓學習更加統整有效率。

第三節　竹大附小融合班之特色

融合教育的理念是承襲回歸主流的基本理論，讓特殊生不再在隔離的特殊環境中學習，而是回歸到普通班和普通生一起學習。為了因應班級中同時有普通生及特殊生，教師必須活用教材教法來因應不同特質學生的學習，因此在融合班的教室可看到和一般小學教室不同的擺設，例如學生不是排排坐面對著黑板看著老師，而是分成小組上課，除了電子白板還有很多輔助教具，針對學生不同的特質設定不同的學習目標，以合作學習、合作小組及同儕間的學習之教學策略，達到學生間完全參與及主動學習的目的，最終的目的是讓特殊生包含在教育、物理環境及社會生活的主流內。在融合班，分數不是唯一的指標，而是適才適所地快樂學習，教師了解學生的特質，給予學生適當的幫助及鼓勵，當學生間的差距成為常態，融合就達成了。從上述融合班的描述中，可歸納出其特色為：

1. 強調尊重差異及接納差異：了解每個人的差異並尊重個別差異，接納彼此的優缺點，每個人都是有貢獻的；在學習上和自己比，依自己的起點往前衝，互不干擾；融合式班級必須做到班上所有的同學及教師融為一體，班級氣氛以合作取代競爭，不分特殊生及普通生。

2. 融合式班級給予學生充分的信賴及自我管理的機會，學生可自訂班級規則及作業，教師則給予學生判斷及分辨規則適當與否的機會；當學生模仿錯誤行為時，應給予分辨及澄清的訓練。

3. 將教室的管理及紀律融入教學設計中，將教具分門別類按學習區放置，讓學生學習收拾整理，培養學生秩序感；再讓學生自由選擇學習角落，以培養獨立自主穩定性、自動自發和積極的個性。

4. 尊重學生學習的意願，讓學生能主動學習及有表達思考的機會，並給學生

犯錯的機會和成長的時間與空間，不強迫學生學習。教師在教學過程中扮演著協助及引導的角色，了解學生的個別需要，隨時因學生的需要調整自己的教法。主動學習是指不是被動或是在強迫的情境下學習，教師可經由下列方式提供主動學習：

1. 提供材料讓學生經由感官主動探索各種材料的功能及特性。
2. 經由直接經驗了解物體的關係或幫助學生發現關係。
3. 提供材料操作、轉換、組合及延伸的機會。
4. 教師提供固定的作息、空間及材料，讓學生從選擇材料中了解自己的興趣及目的。
5. 使用器材設備以增進其技巧。
6. 讓學生自己學習，照顧自己的需要。
7. 預測可能的問題及解決問題。
8. 使用大肌肉。

第四節　參觀過竹大附小融合式班級者之看法

在竹大附小融合教育班，普通生與特殊生以 2：1 之比例融合，為探討其成效是否和國外的融合式班級獲致相同的結果，邀請實地參觀過竹大附小融合班者於觀摩教學後提出建議，意見整理如下：

一、設班兩年後的意見

於 1996 年 6 月 12 日融合班成班兩年時，邀請學者專家、特殊班教師、行政人員、特教機構負責人及家長共 10 人實地參訪融合班，針對理念、多層次教學技巧、異質性團體分組、普通生及特殊生比例（目前採 2：1）、特殊生的類別及程度及融合班的效益提出看法，結果如下：

(一) 理念

1. 融合教育的理念強調有意義的統合與彈性的課程設計，兼顧特殊與普通生，是雙贏模式。

2. 為追求特殊教育的社區化、小型學校化，勢必值得推廣此一異質團體的教學。

3. 理念正確。

4. 讓普通生從小學習包容與關懷，讓特殊生有人性化的學習環境，值得肯定。

5. 完全融合的理念，使普通生與特殊生能互相了解彼此的差異，尊重彼此與接納，對特殊生是一種較人性化的安排。對這兩類的學生在社會情意的發展有更大的助益及意義。

6. 理念極具實驗性，普具國外實際做法之內蘊，唯以行政角度考量，將來若需推廣，學生家長之意願及支持，均有待宣傳及努力。

7. 將特殊生融入普通班級中，增進其社會適應能力，並教導普通生接納特殊生，此種理念相當正確，並值得推廣。

8. 認同與肯定，也為這群學生感到高興，願能嘉惠更多的學生。

9. 是一全方位的實驗，對特殊生而言融合班是一社區本位的學校。

10. 符合正常化、人性化之做法。

11. 融合式的特教實驗班是值得嘗試的一種教學措施，如何讓理想落實，卻是很大的挑戰。本實驗方案的若干理念是否適合運用，應待觀察分析後，進行整合及揀選，才能達到預期的效果。

(二) 多層次教學技巧

1. 同一時間，不同學生做不同一件事情，安排上不易，但卻是真正因材施教，教師的精神與能力均很可佩。

2. 同一時間，同一空間，允許不同的活動，潛能才能開發，學習才多樣化、興趣化。

3. 符合個別差異要求。

4. 統合式（integrated）的教學。

5. 不同資質的學生各取所需，各展其長。

6. 對於老師的選擇及訓練、教具的準備需充足。老師們的投入及愛心的鼓舞，以及師資的充足，能照顧到每位學生的需要，是決定多層次教學成功與否的重要因素。

7. 提供合適的課程給特殊生，讓特殊生有完整且計畫性的學習內容，使其能和普通生分享成果。

8. 多層次教學對老師有極大的挑戰，因此教師必須在職研習並有較多的資源，本研究有新竹師院特教系教授參與指導，較易實施。（編按：新竹師院為新竹教育大學的前身，2005 年正式改名為新竹教育大學）

9. 師院可能較易實施，唯普通國小教師教學技巧，恐未能如此豐富，需專業之培訓。

10. 由於需考量各類學生的學習需要，老師需特別設計課程，並隨時更換教學進度，需要極成熟之教學技巧。

11. 吳淑美教授主持的竹大附小融合式班級在美國稱為「示範班級」或「計畫」。在教室裡，我看到教材如何依據特殊生的需要而改編的例子，我也看到學生間互相幫忙及受過良好訓練的老師如何按部就班執行教學的例子。這樣的班級在台灣應該推廣，我知道融合並不容易，然而吳教授主持的實驗班已能做到成功的融合，而我們做父母的對這樣的結果也感到滿意。

12. 勇於接受挑戰與接納、學習，值得我們為熱心的一群老師鼓掌喝采。實務的累積可充實教學技巧，而多層次的教學豐富學生的學習領域與藍天。

13. 課程的設計符合個別差異。

14. 教師需具備創造力與靈活性。

（三）異質性團體分組

1. 符合合作教學精神與真實社會的情境，必須教學生合作的技巧，教師的教學參考能力很重要，免得發生勞逸不均的事情。

2. 社會本來就是異質的，過去的篩選使特殊需要的學生被摒棄，如今能有改變，是一大革新。

3. 方向正確，但對教學是一考驗。

4. 因材施教，讓普通生、特殊生互取所需。

5. 初期特殊生若有干擾課程的情況出現，是否商請家長協助學習。

6. 課程的調整能充分配合學生的個別學習，老師教學前的準備充分，學生才能吸收。

7. 教學活動的設計，除了採異質分組外，亦可兼採同質分組的方式（特別是國語和數學兩科）。

8. 課程上須做相當的配合，實施於一般學校恐有困難（尤其非資優生，可能有很多中、低資質學生天性及仁愛度、互助度差得很遠）。

9. 符合各類學生的學習需求，值得肯定。

10. 在推廣上應不成問題。

11. 藝能科中，使用此類策略者得以融合教學，隨知識性學科部分加深加廣了，同質性的分組也需注意。

12. 學科學習亦可採同質分組，減少特殊生與普通生之間的罣礙。

13. 真正符合正常學習團體之需要。

14. 異質性團體分組教學是很有意義的教學方式，但是否所有的教學都採行異質性團體分組，實有必要從實驗中加以觀察分析，通盤檢討規劃。

（四）普通生及特殊生比例（目前採 2：1）

1. 普通生比例應再提高，至少應為 5：1 才能推廣，否則老師太累了（實際普通班級情境，不大可能有那麼高比例的特殊學生，也不大可能獲得足夠的支持）。

2. 比例要求最佳的平衡點，若比例高，10：1 當然比 2：1 容易；若太低，老師是否敢擔任？

3. 如要在國小推展，應考慮彈性比例，依學生程度調整。

4. 有些過重，會影響教學品質。

5. 比例 2：1，看來老師要照顧特殊生，好像要付出相當大的心血及心力。希望師資、人員能有充足的編制，才能夠有全面性的照顧。

6. 普通生與特殊生以 4：1 或 3：1 較宜。

7. 比例尚稱適當，唯如果 5：1 或較少比例也許較可減少老師之負擔。

8. 特殊生比例稍嫌過高，增加教學上的困難度。

9. 採以異質性的學習團體，區分特殊生程度，若能採 3：1 會減輕指導老師的負擔，學生進而獲得更多的關注與學習。

10. 一個班級中頂多兩位特殊生。

11. 應該是可行的。

12.建議由實驗評估後，以專業立場並協商家長，再加以重新考量。

(五) 特殊生的類別及程度

1. 仍應漸進，以第一類（輕度）融合較易推廣，如教學良好再提高至第二類（中度、重度）。類別方面不很重要，但若有嚴重的攻擊行為者，似不宜融合。

2. 應該如此安排，不應考慮類別，需注意程度差異。

3. 特殊生依輕、中、重度分類教學、分配。

4. 極嚴重或具有行為干擾的學生，在班上對普通生的負面影響亦應考量。如自閉症的學生是否應有一位義工伴讀。

5. 類別尚可。程度方面有些特殊生在教學中似無意識地打擾老師，老師具耐心和關心非常重要。

6. 各類學生均收，且不計其程度，如學生障礙輕，教師尚可應付，倘其中有兩位以上極重度學生，則會影響老師控制班級及教學成效。

7. 特殊生一樣有求知及學習的機會，因此不需考量這個問題。

8. 希望有更多的多重障礙學生參與班級。

9. 真正反映實際情況。

10.建議由實驗評估後，以專業立場並協商家長，再加以重新考量。

針對以上意見之說明：

1. 融合班設班時教育部規定每班有特殊生8名，每班普通生人數則未限制，因考量班級人數不超過30名，故選取每班普通生16名，為考量每班同時有普通生及特殊生就讀的事實，給予每班兩名特教老師及一名助理教師之編制。

2. 融合班的教學分組除異質性分組外，尚有同質性能力分組。

(六) 融合班的效益

　　竹大附小融合班為全國唯一採完全融合模式設立之特殊班級，其達到的效益可分為課程模式本身及父母方面。

課程模式本身

1. 解決特殊生安置的問題。
2. 相較於普通國小，其設備及使用之資源完全按特殊班標準資源，卻能同時服務普通生及特殊生，可謂有很高的投資報酬率，值得繼續支持與投資。
3. 課程能符合不同程度學生（資優、普通、成就低落及各類身心障礙）的需要。
4. 特殊生除了能在自給自足的特殊班學習，亦可在融合式的環境中學習。
5. 普通生亦能在這樣一個班上有三分之一特殊生的班級中學習。
6. 做到充分回歸主流、充分個別化，未來應以此班模式加以推廣。
7. 提供教育改革一個解決之模式。
8. 混合不同障礙類別，落實特殊教育社區化。
9. 實務的累積可充實教學技巧。
10. 融合教育的理念強調有意義的統合與彈性的課程設計，兼顧特殊生與普通生是一雙贏模式，其理念及實施方式亟需推廣。
11. 多層次教學乃一高度技巧，指的是同一時間、空間，允許不同的活動，如此潛能才能開發，學習多樣化、興趣化，並能豐富學生的學習領域與藍天。透過實地的觀察發現，多層次教學確實能做到因材施教，不只需推行至特殊班，亦需推廣至普通班。
12. 異質性分組符合合作學習團體之精神，是一大革新，亦符合融合教育之精神。
13. 普通及特殊生以 2：1 之比例混合非常不易，證實台灣有能力從事融合式教學。
14. 實驗結果令人鼓舞，有啟示性及推廣性。

父母方面

從問卷填答中獲致融合班學生之父母成長，包含下列數項：

1. 認識什麼是特殊生。
2. 學習去接納特殊生。
3. 視這樣的班級為一常態，優點多於缺點。
4. 學著去接納不同背景的父母。

二、設班 20 年後的意見

　　利用 2014 年 4 月 29 日融合班成立 25 年融合教育教學觀摩研討會，透過專題講座、教師分享、紀錄片觀賞及實地參觀學前、國小及國中融合班教學，邀請參與研討會者填寫對融合班之看法問卷，參與者包括學者專家、特殊班教師、普通班教師及行政人員等共 85 人，共 35 人交回問卷，問卷各題結果如下：

(一) 理念及教學

1. 提供融合的理念和環境給學生，不管是一般生還是特殊生，都應該有互相需要、互相學習的重點。
2. 多層次教學、多元教學評量（鼓勵及學生主動性高）、有系統及有溫度的合作運作。
3. (1) 理念：多元活動——全面參與性。

　　　　　　多元環境——完全接納性。

　　　　　　多元教學——自然調整性。

　　(2) 教學：多層次教學、多層次作業、多層次評量。
4. 強調全面的參與、完全的接納、自然的調整。
5. 對於這裡的老師，感覺對融合的理念非常好，信念似乎也非常堅定。在教學調整方面是較為困難的，但這裡的老師卻能運用自如，又能恰如其分，真是值得敬佩。
6. 教學上調整：教學目標、活動、作答方式、指導方法。

　　理念：每位學生都是班上一份子，不是班上的客人之理念。
7. 個別化及多層次的作業型態，給學生最能接受的學習方式，營造一個充滿愛的環境。
8. 多層次教學的運用。
9. 接納多元差異的氣氛；吳教授從學前到社會階段的努力與堅持；教學不一定是華麗的多媒體，但一定有多元感官的操作；特殊 v.s. 正常。
10. 不要把融合教育當成一種意識或宗教（形式），應把握其精神；在融合教育的實施過程也學到很多；真誠的對待。

11. 多層次教學，營造共同學習的情境；主題教學，打破學科分界；尊重個別差異，適性教學；不放棄任何一位學生。將多層次融入學校生活中，實施因材施教，全校不分階段以「多層次教學」貫穿。

12. 看到學前調整教學、高瞻課程；國小異質分組教學；國中採艾瑞克森（E. Erikson）人格發展理論之精神、多元智能理論（光譜計畫）、維高斯基（Vygotsky）鷹架學習、班度拉（A. Bandura）社會學習論（身教潛在課程）、合作教學、多元評量、異質同班教學、多功能空間等理論之應用。

13. 融合班裡充滿了和諧與互助的合作模式，是一般班教學現場較少見的，彼此能見到互相的優點更是難能可貴。老師的教學採取了互動與協同，也很值得普通班老師借鏡。

14. 反省自己，需調整教學和看法，常常用自己的方式與看法在教特殊生，不只自己挫折多，也讓學生有更多的挫折。

15. 主題式教學：融入作文、每日小語；中年級混齡分組教學；異質性分組教學，設計都適合每一位學生。

16. 人本：注重每個學生的發展。

    小組活動：異質性分組。

    多元智慧：鼓勵多方才能發展。

    鷹架：老師部分協助，建構目標。

    多層次目標：依能力不同。

17. 異己的接納；同儕、教師間的互助；層次性的環境安排教學。

18. 堅持帶好每一個學生的理念，用心熱情的教學團隊，每個教師都將特教理念確實地實行。

19. 看到每一個學生，給每一個學生表現及成功的機會，尊重個別差異和學生意願；合作教學、分組教學、多層次教學；利用多媒體、互動、活動使教學更活潑；小班教學、協同教學；肯定每個學生的努力，避免批判；全人教育、自主學習。

20. 融合教育的理念、多層次教學。

21. 以學生為本位，熱情、耐心、用心。

22. 從教授的說明及環境參觀過程，我看到一個不一樣的學校，它在努力落實尊重每個人的個別差異。

23. 「他沒有病，他只是和別人不太一樣」，這是一位家長說出的一句話。接納每個孩子的個別差異，提供多學的學習場所，只是希望學生成為有用的人。

24. 所有的學生都是特殊的，都需要被愛與關懷。

25. 融合教育是可行的，對所有學生是有益的，但是需要熱忱才能持久與維持。

26. 理念方面，融合理念目的在教導學生學習一些基本做人處事的態度，尊重個人的差異、包容、合作互助、友愛。除此之外，培養能帶著走的能力，例如計畫、組織、分析等，這些是在現有的普教之下也很難教會學生（普通生、特殊生）的；教學：多層次的教學、教學與行政的合作。分組合作學習、多感官教學，教師用心、家長熱心。

27. （學前）主題活潑、自然，很吸引人，教師很專業、熱情。

28. 教師的專業及教學技術或課程調整非常重要。

29. 能接受異質性的評等，會依據學生狀況進行各種不同的調整。

30. 教學相長。

（二）對融合班的感受

1. 尊重接納學生的差異，進行有技能的教學，讓學生能合作學習，老師營造了愛的環境，令人感佩。

2. 老師的班級經營能力相當重要；家長的支持也是融合班的動力。

3. 老師與學生、家長之間的溝通很重要。

4. 普教、特教不分家。

5. 很溫馨，像家庭般溫暖，特殊生在這裡一定能獲得妥善的照顧與學習，普通生更能體會到包容與協助的重要，是很棒的課題。

6. 正向、友善、鼓勵的勇氣；建立學生的自信心，激發學生與教師的創意、潛力；學習空間有效利用，充分發揮境教。

7. 對特殊需求的學生幫助很多。

8. 如同對生命的感動一樣。

9. 「那溫暖，使我想成為更好的人」──對於普通生而言，直接與特殊生相處，看見學生的單純，學習如何與不一樣的人相處。

10. 很溫馨，提供學生一個安全包容的學習環境，在普通生的陪伴下，對特殊生社會行為的學習應有正面效益。

11. 融合班就像是桃花源。

12. 時代潮流，民主社會的表現。

13. 很溫馨，看到融合班實現的可能後很感動；在班級課程中看不出特殊生的問題行為，大家都很乖，但也沒有一般學校中絕對的安靜與規矩；和資源班的教學模式有點像，只是資源班沒有一般生。

14. 每位教師都用心在自己的崗位上努力照顧及教導學生，學生是幸福的。

15. 愛、接納、感動。

16. 教學目標的訂定不容易，合作很重要，「等」需要長期培養。

17. 學生們都能尊重，包容不同的學習氛圍；教室上課中沒有個人獨秀，而是同學們互助合作。

18. 很感動，很用心，老師們都很辛苦，學生們都很快樂，值得回去試試看！

19. 原以為會是更雜亂一些的場面，但卻是十分的協調，老師們的努力值得讚賞，學生們的表現分不出特殊與普通，其實不融入其中的我們才是特異份子。

20. 異質性的學生處在同一班，難能可貴地激發出同儕之間純真的愛。

21. 如同老師分享的在班上看到學生表達的真摯，老師得到的鼓勵回饋常是支持教學的原動力，在這樣的融合環境下，能喚醒最純粹的真摯情感及感動；在融合班一同成長的喜悅，每個人在學習過程中都互相影響著，雖然邁出的步伐極小，但也能回首間看見已經走了那麼遠；每個人都有惻隱之心，端視其成長環境是否有足夠的機會去發現。

22. 用心的老師，幸福的學生，融合目前好像還是只能走小而美、精緻的路線，才能看到理想中的融合。

23. 異中求同，同中求異，展現個別化教育精神；尊重、接納、充滿愛與感動；調整教學，順利展現能力。

24. 融合班如此溫馨友善的校園裡，給予學生一個豐富多元的學習資源，老師們用心設計課程內容，布置教學的相關角落，學生在這個學習空間彼此合作，學習包容、尊敬與互相理解。

25. 很羨慕整個校園的氣氛（一般學校望塵莫及）；特殊生的口語能力在多元

的刺激下明顯提升；全方位個別化教學的比例如何拿捏？

26. 從學生們身上學到老師做到的事。

27. 針對每個特殊需求的學生，給予最適切的學習方式。

28. 喜歡老師們分享同儕相處的真摯感受，普通生們給感動，特殊生們給悸動，不制止、限制學生行為，而是激發、開發學生的潛能，充滿愛的環境。

29. 充滿愛的一個大家庭。

30. 是一種挑戰，要付出許多愛心、耐心，讓特殊生與普通生在同一環境中融合，共同創造彼此能互相合作有愛之楷模。

31. 多元、多層次的教學方式，提供學生比較適性的教學服務。

32. 老師非常不容易，課程多元且學生異質性高，老師如何掌握與學習及課程脈動非常耗心力；教室設計、空間非常有彈性、創意，讓人一眼就愛上。

33. 專業的陪伴、溫柔的堅持。

34. 經營融合班更需要協調小組、協同等各種模式，共同負責班上或小組間的責任。

（三）融合教育的優缺點及建議

1. 優點

- 帶給學生更多不同的視野，待人、接物皆同。

- 讓特殊生有機會接觸普通生，學習環境與普通生一樣。也讓特殊生接觸更多元的人群，發揮學生的潛能。

- 依特殊需求給予不同的治療。

- 高度包容、接納的環境，零拒絕的友善環境。

- 社會中每一份子都是共同體，從小學就在共同的環境中互相學習，應更能促進個體獨立生活。

- 全校師生有一顆美麗的心，環境友善舒適，教師與學生關係平等。

- 教學多元，給孩子多樣的學習內容，孩子發表踴躍積極。

- 於常態化環境降低標籤作用；同儕學習、同儕模仿提高社交技巧能力，增進社會互動機會；一般生、特殊生皆能從中受益。

- 落實融合精神，學生之間主動的互助，讓人看到融合之美。
- 同班同學不會以異樣的眼光看這些小天使。
- 截長補短，尊重生命，彼此學習。
- 每位老師和同學都會成長。
- 讓一般的學生能夠尊重個體差異性的學生，接納包容，協助特殊生；讓特殊生藉由融合教育提早進入小型的社會化生活，畢竟他們未來還是要進入多元的社會生活。
- 情緒領域、社會領域能深入探究和進行。
- 理想的社會心理接納環境；人與人之間真誠的支持與互助；特殊生與普通生不分彼此，互相欣賞彼此的優點，接納彼此的弱勢。
- 善用資源與合作學習。
- 學習尊重、關懷、服務、包容等；減少特殊生問題行為；增加成功經驗和自信；化解標籤；小班教學，為每個人的需求提供服務；欣賞每個人；自主學習。
- 互相學習，互相成長。
- 理念性。
- 老師富特教理念與專業；能善加結合資源營造理想的教育；提供特殊生一個適合的學習環境。
- 正向、友善、鼓勵的勇氣；建立學生的自信心，激發學生與教師的創意、潛力；學習空間有效利用，充分發揮境教；小市長選舉，體現民主精神；教學相長。
- 感受到學校的用心與付出，學生很自信大方，特殊生與普通生融合得自然，感覺很溫馨。
- 辦學非常用心。
- 跟一般學制比較，有更多的彈性和變化。

2. 缺點

- 融合教育需要資源、支援到位與持續支持才能長久。
- 有條件的融合能有其限制，與普通體制的銜接仍可努力。
- 教師教學專長需多元，較無法專精，而教學效益有限，人力可再增加。

- 老師的負擔量大，沒有普通班有的社團活動。
- 老師須花費更多心力，很辛苦。
- 空間較不足，升學的主科課程內容可能較無時間學習。
- 目前僅能小班制，要持續、擴大仍有空間。
- 會擔心一般生的學習進度是否會受影響。
- 有衝突時如果處理不好，會引起更大紛爭。
- 希望每位老師都能有這樣的概念才能落實，而不是少數老師而已？
- 融合教育需再推廣，因為還是有很多人不了解什麼是融合教育。
- 需要更精進教學，教師要有敏銳度，不能說是缺點，而是要更注意的地方；讓所有家長理解及認同有困難，尤其是一般學校。
- 此融合校區在師資上，特別是國中需要分科教學中不確定是否有供應不足的情形，此是省思（非融合之缺點）。
- 忙碌時有些校園危險角落要注意學生落單時的安全。
- 在分數至上的升學主義之下，一般學校推行很困難；小班教學、協同教學，在目前政府考量經濟效益或經費底下，可能難推行；老師備課時間較長，進程較慢；若同組差異太大，或有過動和注意力不集中、情緒障礙的學生施行較難，易互相干擾學習秩序或深度；在目前九年一貫教學目標下，不同年級的學生要上屬於各自年級的課本，有辦法跨年級融合嗎？
- 教師設計單元的能力較欠缺。
- 實施賴多方配合。
- 特殊生比例過高，老師負荷過重，特殊生障礙程度落差大，老師無法真正顧到個別差異，宜降低特殊生人數。
- 需要先克服社區融合的觀點。
- 依目前的師生比是否符合經費有效運用？是否需要較多經費？融合教育確實有顯著的成效，但在現有教育（普通學校，例如資源班）的體制下要如何與普通教師合作、推行融合教育？

3. 建議

- 希望能永續經營，推廣融合班的運作模式至國內的一般學校。
- 成果發表時，除了邀請特教教師之外，應多邀請普通教師或家長，多行

銷、多推廣。

- 建議提高學前教師的比例；融合班的好處，不只是精神心理方面，學習能力的拓展應相對高於一般班級的學生，建議推廣融合教育時，可強調更多一般生所將習得的「帶得走」的「競爭力」，使更多一般生家長能更接納融合教育的模式。

第五節　三分之一實驗的建議

　　三分之一融合教育實驗（班上有三分之一學生為特殊生）不僅為特殊生也為普通生提供了一個選擇。目前融合教育在台灣仍被放在特殊教育體系中來討論，而不是如國外被視為普通教育改革的一環，顯然離先進國家還有一大段距離要走。

　　現階段實施融合建議能朝下列方向進行：

1. 視學校的資源決定融合班之師生比及普通生及特殊生的比例。小學階段融合班普通生及特殊生人數採 2：1 比例融合，是一難度極高的嘗試。
2. 當特殊生進入普通班後，普通班的課程亦必須通盤改變。
3. 教師必須願意嘗試課程的改編，以符合特殊生及普通生的需求。
4. 異質性分組（每一組有普通生及特殊生）有助於普通生及特殊生間的互動及學習。
5. 特殊生被普通生接納需列為首要目標，課程目標次之。
6. 課程的調整需以普通班課程為依據，例如在選取課程時應和普通班課程單元相同，如此可降低普通生和特殊生間的差異，且較易溝通與分享。
7. 融合教育成敗的關鍵繫於特殊生的需求能否在一般性的活動中被顧及，普通生的學習是否會因特殊生的存在而受影響。
8. 如欲實施融合教育，可先從融入輕度障礙的學生開始。
9. 完全設置一個新的班級，會比把特殊生安置到普通班簡單，因為每個人都是新的，不受過去經驗影響。
10. 盡量仰賴班級現有的資源。
11. 先從現有的教室作息及環境開始調整，任何調整都必須由教師共同決定。
12. 盡量透過教學來解決學生的問題。

13. 融合班衍生的課程及教學技巧值得推廣。

14. 採多元的評量方式，例如採用合作小組的評量，固然增加教師的負擔，卻能真正評估出學生的學習能力。

15. 融合教育整合必須做到：普通教育和特殊教育體系的合作、配合學生個別需要來設計活動、行政的支持、家長的支持。

第六節　教師訪談

問：融合班和一般班級有何不同？

答：在其他學校，一個年級有五班以上到十班，每個年級都有統一的標準，每個班都要注意教學進度，且可能會有統一的測驗。而融合班卻滿有彈性的，因為一個年級只有一班，所有課程的單元及進度都可以由教師自己決定，所以課程跟普通班的差別頗大，教師在課程上的掌控力，比普通班教師來得強。另外在學生方面，班級經營跟普通班的一些帶班方式及觀念其實很多都滿像的，例如希望學生培養正確的觀念，學習生活上的能力。只是在融合班裡更需要學生去關照同學，同學之間彼此關照。不同的學生，教師要帶他思考同學之間不是自己做好就好了，教師可運用小組的方式，就學習上的優點而言，融合班的學生比較可以學到一些解決問題的方法，普通生面對特殊生時，在合作上可能有一些困難，他要怎麼去解決，怎麼去想，怎麼去調適。學生不需老師提醒他告訴他，他自己就可以想一個方法調適。

問：啟智班和融合班，除了學生的構成不同之外，最主要的差別在哪裡？

答：教育哲學本來就不一樣，在啟智班的課程綱要中，要學的東西和在融合班要學的東西是相差很大，融合班的特殊生可以學普通生所學過的東西，不論一年級到六年級，他們經過的一切，他們有機會跟著，就是成長，而在啟智班裡，是比較限制的，而且限制是很大的。

問：是否有特殊的事件讓老師印象比較深刻？

答：其實可以發現一些很驚喜的一些事情，發現學生的轉變，在很多學生身上都可以看得到。例如班上有一個輕度自閉症的學生，在一年級剛進來時黏著媽媽黏得很緊，別人說話他聽不懂，他說話別人也聽不懂，但現在可以發現他

和其他學生幾乎是一樣的,他們可以玩在一起,而教師幾乎可以完全聽得懂他在說什麼。還有一個學生在學習上面成長很大,原來連寫字都不想寫,看到字就很討厭,現在可以寫作文、可以寫文章,這改變其實是很大的。

問:這些都是長時間經營的成果,如果讓他們在普通班,會不會有這樣的轉變?關鍵的差別在哪裡?

答:可能不會。因為我們給他一個環境,是我們接納他原來就是這個樣子,我們給他一個安全的保障,他可以在這個安全的環境裡面慢慢的走出來,慢慢找到去跟人接觸、跟人互動,互相學習的環境,他可以走出他那個很小的世界。

問:一般家長對特殊生的期待,是否會過高或過低?

答:這方面家長的差異性很大。

問:若有期待過高或過低,會不會試著與家長溝通?

答:一定要溝通。

問:家長對融合教育理念,會不會有不同的意見?

答:雖然每個人對同一個概念是認同的,但是想法未必一樣,絕對是有一些差別,只是說差異是不是很大。

問:如果是您自己的小孩,會考慮送融合班嗎?

答:沒有特殊狀況當然就選融合班,特殊狀況可能是距離或其他原因,排除那些因素,當然會選這個地方。

問:選擇的原因?

答:在這裡可以讓他們更快樂。孩子快不快樂滿重要的,我們給孩子的童年,對他的影響是很大的,除了知識之外,知識技能到哪裡都學得到,但差別在於他的人格、他的人生觀,對他會有比較大的影響。

第 2 章
教導獨立學習的技巧

Hubbard（2000）認為學習是了解新事物，並且獲得更好的做事方法。學習指的是學習正確的態度，獲得統整的知識，將知識延伸與應用，正確有效地處理訊息，進而獨立學習。教師除了做到讓學生主動參與外，教導學生獨立學習的技巧也格外重要，尤其是在融合的班級，以下將逐一介紹跨學科的獨立學習策略，以及協助訊息獲得和增進理解的策略。

第一節　做筆記

學做筆記是幫助學生學習的重要策略之一，讓學生將聽到的內容記錄下來，可使學生較易集中注意力，也可將記下的內容作為學習的指引，因此記筆記的技巧包含了注意聽講、記下重要的觀念及關鍵字、根據課文寫下文章的意義，並用自己的話記下文章的重點。要學生記筆記前先要學生注意聽，可以教學生使用筆或手指指著教師教導的內容，教導學生如何選擇注意重要訊息。除了聽，在做筆記的過程中，最重要的一種技巧是寫的技巧，做筆記除了要能注意聽，還要能將聽到的內容寫下來。

在課文一開始時，可以讓學生將課文內容唸一遍，讓學生概括了解上課的內容，透過唸的過程讓學生將眼神放在課本上，加上老師的講述，專心的學生已可

大致了解上課的內容。當學生已可找出課本重點時，再透過做筆記把聽到的內容寫了下來，加深學生對課文的印象。在記筆記時教師可事先將上課內容或段落做成綱要，既讓學生可以在上面做筆記，也可讓學生將老師講到的重點畫出來，可將課文重點畫線，或是在課文旁的空白處寫下重點。學生要針對重點做記錄，而非細節。所謂重點指的是整個單元或是整段在講的內容，細節則是將範圍縮小到一小段中所描述的內容。對國小的學生而言，記筆記需要教師從旁引導，先將筆記格式化，再教學生如何記下重點及細節。

表 2-1 是記筆記常用的表格：

表 2-1　課堂筆記摘要表

科目：_____　單元：_____　日期：_____

段落／概念／關鍵字	頁數	語詞／圖片	細節（用自己的話）

　　剛開始時細節用簡短的文句表達就可，當學生已學會將上課內容填入表格後，再要求撰寫內容的完整性及可讀性，因為做筆記最終的功能是要用筆記作為學習指引。

第二節　增進課文理解之策略

　　老師在講述的過程中，可不斷使用問問題的方式來測試學生對課文的主題（例如古蹟）、課程的來源（國語課）及主要概念的認知，上完課後再透過評量了解學生對講述內容的理解。如此不斷地提醒學生，學生要完全無法吸收，就較不可能發生。

　　增進課文理解是達到自我學習的技巧之一，策略如下：

1. 大略地閱讀課文。
2. 問問題：在大略看過課文內容後，問一些和課文相關的問題（問：誰、目的、發生了什麼及如何解決）。

3.閱讀課文或文章：仔細看課文以回答先前的問題。

4. 總結。

　　每課或每個單元結束時，可透過問問題、單元主題報告的製作或是習作來以解學生學習的困難。學生在聽完老師講述後，可以填寫下述的學習單，以測試對聽講內容的了解。例如閱讀完和住的地方有關的文章時，可將文章中提到的住的地方做一比較，中間是主題，下面則是和主題相關的概念或內容，可以用圖片或句子來描述，可適用任何主題。格式如下：

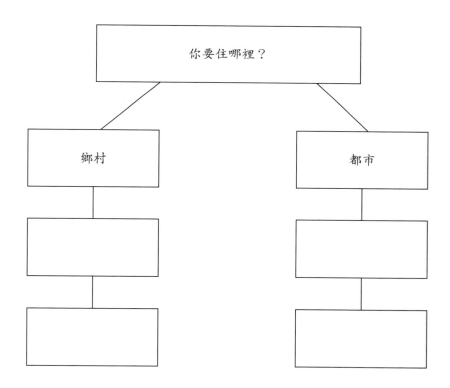

第三節　曼陀羅 Memo 思考技法（九宮格）

　　所謂曼陀羅 Memo 思考技法是一種技能，就像籃球運動的投籃技巧，必須不斷演練才能使技術純熟，所以曼陀羅 Memo 思考技法的教學，除了練習基本做法外，還須與其他課程搭配教學，具有思考訓練、整理筆記或寫報告的功能，

透過不斷的練習中，學生自然能掌握要領，做法如下：

1. 製作九宮格。
2. 將主題列在中心，並向外做八項的思考。
3. 從雜亂的思緒中，找出各種概念，作為每一格的標題。
4. 選用的八項概念，都是內心最滿意或最想表達的。

運用上述策略，融合班在國語科設計了下列故事（表 2-2）：

表 2-2　國語科故事圖

學生姓名：A 生　　年級：四年級　　日期：2 月 25 日

1. 地點 龍山山腳下	2. 人物 姥姥	3. 姥姥會做什麼？ 剪紙
8. 姥姥送我們什麼？ 春天花朵、夏天鮮花 秋天果子、冬天雪花	**龍山姥姥**	4. 誰跟姥姥要紙？ 小朋友、遠方的人
7. 冰龍救姥姥，對皇帝他們幹嘛？ 吹出冰風把他們凍死	6. 姥姥被抓走，誰看到了？ 冰龍	5. 消息傳到誰耳裡？抓姥姥幹嘛？ 皇帝 抓姥姥撿一箱珠寶

第四節　學習日誌

學習日誌是一種發展自省智能的好方法，它包括下述的內容（戴保羅譯，2004）：

1. 我今天學到的要點有哪些？
2. 今天我有哪些事情做得特別好？
3. 我提的問題是好問題嗎？
4. 有什麼需要改進的？

5. 有什麼（或誰）可以幫我改進？

6. 有哪些障礙是我可以消除的？

7. 有哪些錯誤是我可以不再犯的？

8. 我今日完成了什麼，使我朝目標更向前邁了一步？

運用上述策略，融合班在國語科設計了下列上課的學習日誌（表 2-3）：

表 2-3　國語科上課學習日誌

國語科上課學習日誌

姓名：A 生

日期：3 月 17 日

課程主題：古詩三首

一、今天的上課內容是什麼？
　　押韻。
　　詩詞。
　　作者身世。

二、我上完這堂課學到什麼？（至少寫出三項）
　　1. 押韻。
　　2. 詩詞解釋。
　　3. 作者的身世──王維、杜牧、王安石。

三、自評

＊若表現非常好：5 分；很好：4 分；普通：3 分；不好：2 分；很差：1 分

項目	自己評分	原因	教師評分
上課認真	3	無法專心	5
踴躍發言	3	聲音不好	4
資料蒐集	×		
作業完成	5	簡單	5
小組討論	×		
總分	11		14

第五節　自主學習計畫表

　　學生的學習動機主要是源自學生的需求、興趣和期望。當學生能夠選擇想要學的，他們通常都會深入地探索自己的興趣。在實施自主學習時，整個班級、教師以及學生都需要做漸進的調整。要學生自行選擇主題，且為學習的結果負責並不容易，尤其是在有普通生及特殊生一起學習的融合班級，要提供全班獨立的學習機會及資源更不容易，亟需教師堅持及貫徹實施才能持續地進行專題探索學習。以下是實施自主學習建議：

1. 鼓勵一年級到六年級所有融合班的學生，提出整學期要學習的主題，可以和課本內容一樣。

2. 教導獨立學習的技巧，包括做決定、問題解決、目標設定、時間管理與自我評鑑之技巧。

3. 提供學校與社區資源讓學生選擇主題。

4. 在班上設置角落，每個角落都安排一個學習領域，讓學生在每天的「角落時間」自由選擇一個角落去工作。

5. 訂定適合學生能力之學習契約，契約是一老師與學生書面的約定，契約提供工作的範圍及指導方針，當學生完成工作時可以一一檢核。大部分學生可以自契約獲益，因為契約可以提供學生明確的要求，透過口頭或視覺提示讓要求的學習或工作結構化（Myles, 2005），表 2-4 為一契約實例。

6. 安排自我學習之作息，例如一週抽出一節課來進行自主學習。

7. 要建立一個受到家長與行政單位支持的自我指導學習的計畫。父母可以和孩子一起研究。

8. 鼓勵長期專注、集中興趣、快樂以及想像力。

9. 隨時支援學生的學習。

　　儘管任何教育的終極目標都是在於培育有能力、獨立的學習者，但諷刺的是，許多學生在學校時從不曾主導他們自己的學習。大多數實施自我學習歷程的教育方案都會讓學生獲益，因為這樣的歷程可以養成主動的學習者，而這些人在他們的一生中將比較有機會獲得個人方面及職業方面的成長。

表 2-4　契約實例

契約

學生姓名：A 生　　　　　　　　　　　　日期：1/22
學　　　科：社會科　　　　　　　　　　作業：台灣地圖方案
學習工作範圍：
一、請在每一個方格內畫下檢核的符號，當你完成一項工作時就將它旁邊的格子填
　　滿。你可以不按照順序完成這些學習工作。
　　□在你的台灣地圖上標出嘉南平原的位置。
　　□在你的台灣地圖上標出淡水河的位置。
　　□利用提供的提示，在你的台灣地圖上用星號標出國際機場。
　　□利用提供的提示，在你的台灣地圖上用星號標出新竹市。
二、當你完成上面的步驟，從下列三個活動中選擇一個活動，這也是此方案中你需
　　要完成的，記得在你選擇的活動號碼上畫一個圈。
選擇 1：從你的台灣地圖上選擇一個城市。寫下一段文章：如果你住在那個城市，
　　　　你可能看到哪些事情？
選擇 2：從你台灣地圖上所標出的城市中選擇一個城市拍攝相片：如果你住在那個
　　　　城市，你可能拍到哪些事情？
選擇 3：從你台灣地圖上所標出的城市中選擇一個城市做一個錄音訪談：如果你住
　　　　在那個城市，你可能聽到哪些事情？
三、指導方針：
1.繳交作業的時間：下星期社會科上課。
2.如果你不了解上面教學方案的一部分或全部，問老師或同學，請他解釋清楚。

　　　教師簽名　　　　　　　　　　　　　　　學生簽名

　　自主學習計畫表非一成不變，老師可視教學內容或教室的材料而做修改，每
個學生都有一份自主學習計畫表的影本，通常老師要求的作業都是以一星期為單
位，學生可視自己的能力及需要，填入自己選擇的活動。

　　融合班中有三分之一的學生為特殊生，教師教學負擔繁重，因此學生能否主
動參與及自主學習格外重要。表 2-5 為融合班學生的第一週自主學習計畫表。

表 2-5　第一週 A 生的學習計畫表

標號	項目	內容	確認	日期	備註
本週我想學習的內容：多唱蘭花草					
1	生字、生詞	蘭花草	√	2.15	Good
2	訂正、複習				
3	蒐集資料	蘭花草	√	2.16	Good
4	架構圖	希望	√	2.17	Good
5	讀書	植物	√	2.16	Good
6	作業單	蘭花草	√	2.18	Good
7	複習唐詩	30 首	√	2.15	Good
8	背唐詩	絕句	√	2.14	Good 可找和植物、花相關的詩。
9					
10					

我的學習心得：
這次我學會了唱蘭花草，也學會一些唐詩，收穫真多。

家長的意見：
在民歌時期的許多歌詞都很優美，讓人有清新舒暢的感覺。

第六節 概念圖

和曼陀羅 Memo 思考技法一樣，也是將主題放在中間，旁邊每一格列出和主題相關的問題或概念，但不一定是八格，再用圖片或詞語回答這些問題或概念。這樣的學習單可適用在社會學習或自然領域，作為老師討論完主題，將學習內容組織之用。

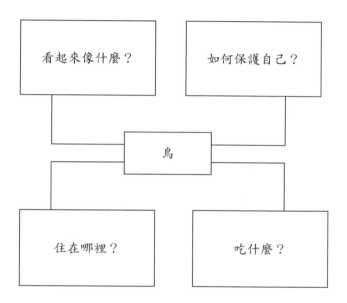

測試學生對課本所學知識的理解，也可使用概念圖，將主題放在中心，將和主題相關的概念用簡單的語句放在四周，例如主題為「橋」時，和橋相關人、事、地及物的概念放在橋的四周，讓學生填寫空格中的人事地物，橋的概念圖如圖 2-1。

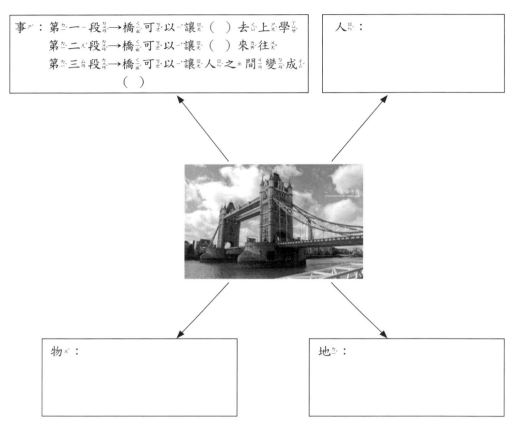

事：第一段→橋可以讓（　）去上學
　　第二段→橋可以讓（　）來往
　　第三段→橋可以讓人之間變成（　）

人：

物：

地：

圖 2-1　橋的概念圖

第七節　製作學習指引

　　學習指引可幫助學生從課文中找出重點、告訴學生如何回答問題，甚至將題目中的關鍵字圈出，以利學生尋找。表 2-6 為國中自然科教師為班上特殊生製作，以協助學生上課參與的學習指引範例。

表 2-6　自然科學習指引範例

單元主題	水溶液	
教學重點	1. 溶液的意義 2. 常見的溶劑 3. 常見的溶質 4. 常見的水溶液	其他重點： 1. 濃度的意義 2. 飽和溶液
活動與策略	1.（問）日常生活中的溶液有哪些 2.（講解）均勻混合的概念 3.（操作）製作一杯糖水溶液 　教具：模型、教具及大型圖表	
問題 （是非題）	（　）1. 將沙子倒入水中，許多雜質都無法溶解，此可稱為沙子的水溶液。 （　）2. 任何投入水中的物質，皆可稱為溶質。 （　）3. 凡溶質都是固態物質。 （　）4. 同量的水中，溶有較多糖的那一杯濃度較大。 （　）5. 同量的水中，投入愈多的糖，其濃度必定愈來愈大，沒有限制。 （　）6. 同量的水在不同溫度時，可以溶解溶質的最大量也不同。 （　）7. 對任何固體溶質而言，愈高溫的水，必可以溶解更多的固體溶質。 （　）8. 對硝酸鉀而言，溶液溫度升高則溶解度必增加。 （　）9. 升高溫度，則溶解在定量水中的 CO_2 溶解量必增加。	
日常生活應用	1. 看不見的溶質：要小心！ 2. 溫度與溶解。 3. 沖泡奶粉。	

第八節　人事地閱讀策略

　　人事地策略適用於社會科的閱讀及理解，因為社會科內容多和人事地有關，人事地認知策略就是為增進社會科課文的理解而發展出來，目的為讓學習者將注意力放在人、事、地的部分。人事地策略也可適用於閱讀一篇文章或課文後，提

出及回答和人、事、地相關的問題，將有助於對閱讀內容的理解。應用人事地策略編寫的學習單如表 2-7：

表 2-7　人事地策略編寫之學習單

時間	作者（　　　　）歲的時候
地點	
人物	
事情經過及結果	

第九節　閱讀前準備策略

閱讀前準備策略步驟如下：

1. 找出課文中最重要的概念（例如光合作用），並在上課時將這些重點列在白板上。
2. 討論概念和哪些事物是連結在一起。
3. 討論學生的反應。
4. 對此概念做出定義。
5. 深入討論，例如如何應用。
6. 製作學習指引。
7. 把學生過去學會的知識與課本的知識結合起來，例如將小學時學過的光合作用和國中課程有關光合作用的內容對照及銜接。
8. 做主題分類，老師準備課程時應看完整本書，找出其中談到的各種主題，並參考其他幾冊中同樣主題中所談到的內容加以整理，在同一主題下按難易程度排出內容，找出希望學生在每一主題需要學習的事實及概念以及答案。做法為將聽到或看到的內容分成不同的段落，每一段最多有 15 個句子，每個句子中包含了字彙、事實及概念，然句子和句子間必須有所關聯而不是片段的，並根據句子改編成問題或填充題或選擇題。

第十節　圖示法

　　用圖示的方法（graphic organizer）把課文中的重點標示出來。所謂課文中的重點指的是課文中用到的詞彙、概念、想法、事件、人物、細節、事實及延伸的內容，用視覺的方式呈現出來。圖示的方法比起口頭的方式容易吸引學生的注意力，也有助於了解閱讀的內容，因此圖示的內容應言簡意賅，文字愈簡潔愈好。在理解數學問題的過程中，學生需要使情境具體化，在此階段，若使用圖像策略，學生需要將不相關的訊息排除，再將相關訊息具體地轉譯出來。學生若能做到這樣，就能順利將答案算出來（Uesaka & Manalo, 2011）。以下為解決應用問題時使用圖示法的例子：

　　例：小明每天從他的撲滿拿兩塊錢當他的零用錢，請問 10 天後，他從撲滿拿了多少元？

　　解題方法：(1) 將每天零用錢用畫圈的方式表示。

　　　　　　　(2) 先數每天的零用錢並用數字累加。

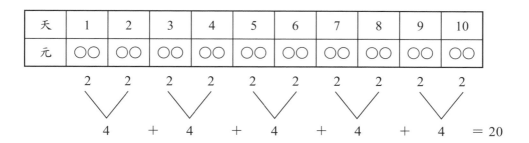

第十一節　提供學生回饋

　　若能依據學生表現適時給予回饋，將會使學生表現得更好，更有成就感。立即的回饋，也能讓老師立即發現學生的問題，並給予矯正。對於特殊生來說，很難在短時間內接受新的、陌生的教材，故老師需「盡快」給予回饋。由於系統化的回饋會使學生更有責任感，因此為學生評分時，亦需非常有效率，以下有幾點建議：

1. 在巡視時批改作業：在學生寫作業時，一邊巡視，一邊批改他們的課堂作業。老師要隨身攜帶各色的筆，依照自己的習慣做記號，例如正確的，畫以笑臉、打勾；寫錯的，畫一個△。若發現學生不知該如何做，先示範一遍，再請學生自己做，並提醒學生等一下會來檢查。

2. 使用檢查點：給十個問題，抽問其中三個以確認是否了解。

3. 請學生對答案：請最快寫好的兩位學生先互相對答案。等到答案訂正後，請他們當小老師檢查其他同學的答案。

4. 題目排列利於核對答案：將問題或答案欄分開，當批改或檢查作業時，可以很快找到要批改的地方。

5. 自我訂正：以口述或書面方式，請學生自行訂正答案，訂正時可以用不同顏色的筆，以便提醒自己，注意不再犯錯。

第 **3** 章

多層次教學

目前愈來愈多的特殊生進入普通班，不管一個班級內有幾名特殊生、幾名普通生，必須要做到學業及社會性的融合才能稱之為融合班。社會性融合指的是把特殊生視為班上一份子，同儕間產生互動及友誼。對輕度障礙無行為問題的特殊生而言，要成為普通班的一份子為同學及老師接納，達成社會性融合並不難。但相對於社會性融合，學業性融合就不是那麼容易了，因此普通班教師必須學習如何針對同一班級不同程度的學生提供適性的教學。多層次教學（multi-level teaching）的概念正是因應異質性團體之教學而產生，也是普通班教師及特教教師亟需學習的技巧。

第一節　何謂多層次教學

面對有著普通生及特殊生一起學習、個別差異大的班級，首先要做到課程的融合，兼顧普通生及特殊生的學習需求，當每個學生的學習目標不同時，教師就要使用多層次教學的技巧，例如在同一節課裡，特殊生採用普通生調整過（或簡化過）的教學目標，配合不同的教材教具、學習單，讓教學可同時達到不同難度的教學目標。由於這些目標可能都屬於同一教學領域，但卻是不同難度，因而稱之為多層次教學。換言之，多層次教學是將同一領域中不同層次的目標，融合

在同一個教學活動中。教師可使用同一套教具，亦可使用不同教具來達到不同難度的教學目標。多層次教學可應用在各種異質性高的團體及不同的教學領域或科目上，可同時符合不同程度學生的需要，減少教學的時間，這種多層次或多種難度允許同一時間有不同學習目標、不同教具、不同教材、不同考試內容的教學方式，不但不會影響普通生的學習，反而讓普通生學得更紮實，特殊生亦可習得適合其能力的教學，符合融合教育因材施教的宗旨。

在普通生及特殊生融合的班級，普通生及特殊生一起上課，學生程度明顯不同，教師必須在同一時間及空間設計不同層次（難度）的課程。多層次教學之要素有下列四點：

1. 包含各式各樣的學習者：例如一間七年級教室裡包含了各種閱讀程度的學生。

2. 共同分享的活動：例如在上社會科課程時，所有學生都能參與，包括閱讀者和閱讀障礙者都參與。

3. 學生擁有個別且適當的學習目標：例如在一間自然教室，一個國中中度智能障礙生和其他普通生正在一起做電路實驗，他的學習目標是遵守兩個步驟的指令、與同年齡的同伴溝通及知道如何轉換教室，他的學習目標都不是和自然科相關的目標。

4. 學生在同一個課程領域中被教導：讓在教室內的所有學生都能在同一領域一起學習。

綜上所述，多層次教學是依學生能力提供適合機會，讓每個人達到成就感的一種教學策略，因此在融合班上課的教師必須做到給予不同程度學生不同層次的課程，否則就會有一些學生上課學不到東西。教師教學應著重所有學生的參與，而不是只在課後給予學生作業單或是上課時給予特殊生一個玩具，就以為達到多層次教學的目標。

在竹大附小的融合班，班上有三分之一的學生為特殊生，教師必須設計多層次（難度）的教學，以符合學生的需要。在課程內容的安排上，學習內容必須分層次，在同一個時間，表面上所有學生在上同一種科目課程，然課程內容層次化以兼顧不同程度者之需求。這種層次化課程的方式尤其適合一些有明顯順序的科目（例如數學及閱讀），其他教學順序較不明顯的科目，就需事前多加計畫。換句話說，特殊生學習的內容層次和普通生可以是不同的，例如上數學課時，特殊

生的課程層次低於大多數的同班同學，程度好的學生則接受較深、較難的課程。傳統式的教學內容完全以課本為主，忽略了學生的個別差異，為了兼顧不同學生的學習差異，教師必須將不同層次的課程內容安排在教學上，不同程度的學生才能真正學到東西。課程目標可視學習者之需求調整為：

1. 相同內容但不同難度。

2. 具功能及社區本位。

3. 不同的分量。

4. 不同的呈現方式。

表 3-1 為融合班多層次教學的例子。

第二節　訂定多層次教學目標

Bloom（1956）對教育目標的分類可以提供不同難度課程及測驗目標之指引，設計出不同層次的課程。依照 Bloom 的分類，學習內容可分為六個向度，教師可依據學生不同的學習能力給予不同的學習及測驗內容，以下是六個向度的描述：

1. 知識：學生被要求重複他看到的內容、他說的話或所做的事，重點是在記憶，把獲得的知識背出來。

2. 理解：除了記得基本的內容外，還要了解知識的內容，需要學生做翻譯及詮釋。

3. 應用：學生必須能在新的情境運用規則及公式，需要比較、分辨，能用舊的知識來解決新的問題，例如解答數學的應用問題。

4. 分析：必須把概念分成小的步驟，並了解其中的關聯性，學生要能解釋、給理由、做預測及估計。

5. 綜合：能把部分綜合成一完整的知識，需要學生創意思考，以及推理、類化、詮釋的能力。

6. 評鑑：能根據所做的事做出評鑑，對所學的東西做一番檢視。

表 3-1　融合班多層次教學實例

一	B 組學生	12 位 （8 位普通生、2 位輕度自閉症、1 位肢體障礙、1 位重度智能障礙）
二	領域	語文
	多層次目標	**單元名稱：動物** 【課文】 (一)教學目標： 第一層次：能讀懂課文內容、能說明詞語的意思並舉例。 第二層次：能讀懂課文內容、聽懂詞語意思，配合口頭提醒、點數累計和延長時間等協助。 第三層次：能聽懂簡化的課文（從課文中提出實用的詞語，改編成具個人生活經驗的課文，配合 mp3 播放器）。 (二)形成性評量：上課表現、回家朗讀單（由家長評分）。
		【詞語和生字】 (一)教學目標： 第一層次：能正確寫出國字筆順和字形、造詞造句。 第二層次：能正確寫出國字筆順和字形，仿說造詞造句，配合口頭提醒、點數累計和延長時間等協助。 第三層次：看真實照片指認和說出實用的語詞，如大象、孔雀、馬、兔子等動物名稱（配合教師在新竹市動物園拍照的相本）。 (二)形成性評量： 1. 上台（課）表現、筆記本、回家作業簿（第一層次、第二層次）。 2. 上課和回家看照片正確指認和說出動物名稱（第三層次）。
		【應用譬喻句】 (一)教學目標： 第一層次：1. 用譬喻句寫出家人覺得自己像什麼，並上台發表。 　　　　　2. 上課主動詢問同學覺得自己像什麼，並上台發表。 第二層次：1. 用譬喻句寫出家人覺得自己像什麼，並上台發表。 　　　　　2. 上課能詢問同學覺得自己像什麼，配合口頭提醒、點數累計和延長時間等協助。 第三層次：聆聽同學發表、幫老師叫同學上台、幫同學跳格子加分、發簿本。 (二)形成性評量： 1. 上台（課）表現、回家學習單（第一層次、第二層次）。 2. 上課表現、回家熟練課文和語詞（第三層次）。

　　根據 Bloom 的分類，可將課程目標按認知發展之階段細分成六項（表 3-2），最簡單的是「知識」層次，「理解」次之，最難是「評鑑」的層次，教學及評量都可依據這六個層次來設計，特殊生的認知發展多在知識層次，老師可參考 Bloom 對教育目標的分類及認知發展階段表來設計出不同層次的課程，符合不同程度學生之需要。

表 3-2　Bloom 認知目標分類

評鑑	綜合	分析	應用	理解	知識
1. 鑑定	1. 整合	1. 分析	1. 應用	1. 組合、聯想	1. 數
2. 途徑	2. 組織	2. 安排、整理	2. 計算	2. 分類	2. 定義
3. 評論	3. 計畫	3. 合併、組合	3. 分類	3. 比較	3. 畫、描
4. 決定	4. 準備	4. 建構	4. 完整	4. 估算	4. 辨認
5. 評估	5. 指示、命令	5. 創造	5. 論證	5. 對照	5. 指認
6. 分級	6. 生產、提出	6. 設計	6. 使用	6. 區別	6. 列舉
7. 審定	7. 成效	7. 查出、發現	7. 檢查	7. 討論	7. 配對
8. 測量	8. 詳述	8. 發展	8. 圖解	8. 辨別	8. 說出名稱
9. 排列等級		9. 解釋	9. 練習	9. 估計	9. 指出
10. 測定		10. 套用公式	10. 連結	10. 推算	10. 列舉、引用
11. 建議		11. 歸納	11. 解決	11. 詮釋	11. 讀
12. 選定		12. 集合	12. 運用	12. 插入	12. 想出
13. 測驗		13. 推理	13. 利用	13. 預測	13. 背誦
		14. 排列		14. 說明	14. 認出
		15. 分類			15. 記錄
		16. 總合			16. 重複
		17. 變換			17. 說
					18. 講述
					19. 列表
					20. 追蹤
					21. 寫

在一個有普通生及特殊生組成的小組或班級，普通生學習的目標可能是在應用的層次，例如應用動物的知識，寫一篇和動物有關的文章，而特殊生學習的目標是在理解的層次上，能理解什麼是動物、動物的特徵為何。表 3-3 以認識郵局為例，舉例說明每個目標層次。

表 3-3　目標層次範例

領域	目標舉例	目標層次
認知領域	1. 能認讀郵局的標誌。	知識
	2. 能舉例說明郵局的功能。	理解
	3. 能使用郵局進行存提款的活動。	應用
	4. 能分辨郵局和銀行功能之異同。	分析
	5. 能籌劃如何運用郵局管理自己的金錢。	綜合
	6. 能評鑑同學使用郵局進行存提款活動的便利性。	評鑑

多層次教學讓學生在同一時間及空間中進行不同層次的學習，這樣學生才能依其能力學習。當一組學生人數愈多時，或是學生間個別差異愈大時，為學生設定的學習目標就應該愈多樣化；反之，當學生間程度一樣時，老師設定的教學目標就只須集中在某一區，而不會有顧此失彼的現象。因此當教學的對象愈多元時，教學就更需做到多層次教學的要求，以符合不同程度學生的需求。例如在上數學單元「加法」時，若有些學生無法學習「加法」，教師就必須使用多層次教學的技巧，找出學生在數學領域除了加法以外的學習目標，這些學習目標可能是低於加法這個層次的目標，例如數與量的配對、數數或是唱數。同樣的技巧也適用在國語課，讓普通生圈出老師唸的詞，特殊生則圈出認識的詞或是圈出每句最後一個字，這樣學生就可以參與學習。

以下是使用多層次教學時必須注意的事：

1. 學生也許在不同的領域上會有不同的表現，因此學生在各科有不同層次的目標，例如國語科目標在 B 層次，數學科是 A 層次。

2. 引起學生動機才能讓學習有意義，產生真正的學習，例如透過閱讀知道認

　　識字是重要的。

3. 提供支持與協助，協助學生由低層次進到高層次。

4. 設計課程需涵蓋較高層次能力者的學習內容。

5. 透過問答讓學生進入高層次思考，例如教學生光合作用的原理讓每個學生都能依據其能力學習。

6. 程度最佳者提供協助給程度較差者。

7. 採異質性分組。

8. 透過主題強調有意義及功能的學習，讓課本教材和生活連結，將所需學習的內容統整在活動中。

9. 鼓勵學生探索、選擇及組織。

10. 強調學生的長處。

11. 提供多媒材及豐富的環境。

12. 尊重學生，幫助學生獲取資訊。

13. 鼓勵合作學習。

14. 讓學習者對自己的學習省思。

15. 評量學生的努力及成長。

16. 讓每個學生有成功的機會。

17. 讓學生按自己的程度學習，選擇適合的書籍閱讀。

18. 每堂課盡量跨領域。

19. 找尋多層次教學的時機。

第三節　使用多層次目標調整課程

　　上課前，教師通常要將整個教學流程先想一下，並對學生的程度做一個了解，思考在何時插入不同層次的目標，例如在普通生照樣造句時讓特殊生仿說語詞。換言之，融合班老師在課程上的掌控力必須比普通班老師來得強，因為要伺機插入特殊生的目標。

　　當學生的差異性愈大，無法使用相同的學習內容時，課程就需要調整，然教師在課程進度的壓力下要顧及每位學生的學習與進步，即使知道需要調整課程，但難免會有心有餘而力不足的感覺，最常遭遇的問題就是「如何在課程中融入所

有學生的課業需求」。在同一堂課中要做到不同層次的教學確實需要許多技巧，以下是教師在設計多層次教學時採用的層次：基礎、進階及調整層次，以符合學生的不同需求（圖 3-1）。

1. 參考普通班課程，找出普通生應該學習但並非所有學生應該學習的內容，並以此作為一基礎點（基礎層次）。
2. 為那些能力已超過最基本程度的學生設計較進階的課程（進階層次或高層次）。
3. 找出課程之先備技巧為哪些，為能力未超過最基本程度的學生設計較淺的課程（調整層次或低層次）。
4. 盡量設計兩種不同的層次（難度），或許這兩種層次的學生只有少數或甚至於只有一位學生。

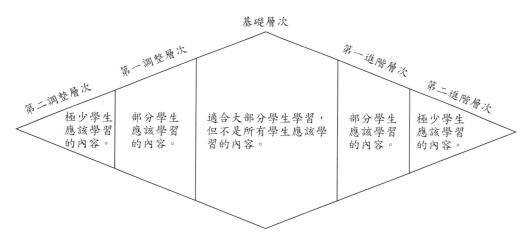

圖 3-1　基礎、進階及調整層次圖

一般而言，課程層次可區分為幾種，如表 3-4 所示。

表 3-4 課程層次一覽表

第二調整層次 （最低層次）	第一調整層次 （低層次）	基礎層次	第一進階層次 （高層次）	第二進階層次 （最高層次）
內容非常淺，適合智能障礙者學習（最低層次）。	內容淺些，適合學習困難者學習（低層次）。	適合大多數人學習的內容。	內容難些，適合程度佳者學習（高層次）。	內容非常難，適合資優者學習（最高層次）。

　　根據 Bloom 對教育目標的分類及認知發展階段，可將因數及倍數課程區分為下列層次（表 3-5）。

表 3-5 因數及倍數課程目標層次一覽表

最低層次	低層次	基礎層次	高層次	最高層次
學生能指認數字及配對乘式（知識）。	學生能指認、區別乘式中的乘數即被乘數（知識）。	說出某數的因數及倍數（知識、理解層次）。	學生能辨認質數與倍數的關係（知識、理解層次）。	學生能判斷何者為質數及歸納出質數的特徵（評鑑）。

　　其中低層次多屬知識傳遞階段，基礎層次則涵蓋了知識及理解層次，最高層次則可進展到評鑑層次。

　　因數與倍數多層次教學計畫如下：

1. 相關概念：大、小、奇數、偶數、質數、乘、除、3 的倍數、整除、5 的倍數、10 的倍數。
2. 教具：10 以內的數字、100 以內的數字、1000 以內的數字及九九乘法表。
3. 活動：玩牌分分看。

　　表 3-6 顯示以一數學單元「因數與倍數」來闡述如何執行多層次目標。

表 3-6　因數及倍數多層次目標

普通生課程目標	特殊生課程目標
寫出 1-100 間的質數	圈出 3、5、7、9
寫出 1-10 間的偶數	圈出 2、4、6、8
找出積是 12 的乘式有哪幾種	從九九乘法表中，圈出積是 12 的乘式： $2×6 = 12$；$3×4 = 12$ $4×3 = 12$；$6×2 = 12$
找出 12 的因數（2、3、4、6）	從 1-20 中圈出 2、3、4、6

第四節　多層次教學教案

　　以下將以國文課單元「背影」及數學課單元「二元一次方程式」之教學流程來闡述如何在課堂上執行多層次教學，呈現不同難度的目標。

一、國文科

七年級國文科教案

日期	單元	材料	教學程序	教學目標	評量			
					普	特1	特2	特3
	第六課「背影」		一、準備活動 (一)引起動機： 　1. 指名學生講述相關的文章。 　2. 預習查考（第一冊紙船印象、母親的教誨、父親的信）。 (二)解釋題目：指導學生從課文、課本插圖及註解探索題意。	1. 能說出學過的類似文章（普、特）。 2. 能查出生詞、生字之意義並記下（普、特）。 3. 能說出題意（普、特）。				

（續）

日期	單元	材料	教學程序	教學目標	評量			
					普	特1	特2	特3
	第六課「背影」		（三）介紹作者：指導學生從作者介紹、題解中探索作者生平背景。 二、發展活動 （一）講述全文大意： 　1. 全班朗誦全文。 　2. 指名學生講述段落大意及全文意旨。 　3. 教師歸納補充。 （二）介紹自己的父親： 　1. 家庭小記者：訪問父親（記錄其興趣、最難忘的事、對工作的展望、對「我」的孩子的期許）。 　2. 「我心目中的爸爸」父親的特徵等。 三、綜合活動：指導學生寫作學習單。	4. 能說出作者生平及作品背景（特）。 5. 能說出作者生平背景並說出者姓名（普）。 6. 能正確地朗讀課文（普、特）。 7. 能正確說出全文及段落大意（普）。 8. 能靜聽同學說出大意（特）。 9. 能聽寫教師之補充（普）。 10. 能在教師指導下抄寫教師補充於適當之處（特）。 11. 能記下父親的興趣並介紹父親。 12. 能記下父親的特徵、說出爸爸的年紀，以及心目中的爸爸，並說出一件難忘的事（與爸爸間的）（特）。 13. 能正確的寫作學習單（普、特）。 14. 能正確地寫作小組學習單（特）。				

評量標準：√獨立完成，○獨力完成一部分，φ需要協助。

二、數學科

八年級數學科教案

日期	單元	材料	教學程序	教學目標	評量			
					普	特1	特2	特3
	二元一次方程式		1. Y＝5，當 X＝1、2、3 時，Y 為多少？ 2. 講解二元一次方程方式的解。 3. 實地練習：-2X＋Y＝3 的八個解。 4. 講解 -2X＋Y＝3 與八個解的關係。 5. 利用方程式的解，把解描在直角坐標系上。 6. 實地練習找方程式的解，並改寫成數對，再標在坐標平面上。 7. 在圖上介紹解的位置。 8. 把坐標上的點連起來，並介紹其為方程式的圖。 9. 實地練習，找出解描出數對，並連成一直線。 10. 介紹特殊的直線： 　　Y＝2、Y 軸、X＝0、X 軸。	1. 能代入方程式，算出 Y 的解（普、特）。 2. 會用數對，表示解（普、特）。 3. 學會計算方程式的解（普、特）。 4. 會把解描在坐標上，標出該點的坐標（特、普）。 5. 會標示解到坐標平面（特、普）。 6. 會說出 3/2 介在 1～2 之間（特）。 7. 能在圖上找到對應的點（特）。 8. 會連接點（特、普）。 9. 會說出線上的每一點都是方程式的解（普）。 10. 會畫出 Y＝2 的直線（普）。 11. 會找出 Y 軸（特）。 12. 會找出 Y＝2 的點（普）。 13. 會將點連成一條線（特）。 14. 會畫直線（特）。				

評量標準：√獨立完成，○獨力完成一部分，φ需要協助。

第五節　教師訪談

問：如何針對一個單元進行國語多層次教學？請說明從構思到做法的過程。

答：從構思到做法，第一個要先了解多層次要分為幾個層次，例如平均分組，要先確認一組有幾個特殊生，這些特殊生的程度是在哪裡。若有三個特殊生，這三個特殊生分別的目標教師會幫他們設定在哪裡，也許會有三個層次，也許是兩個層次，可能是因為另外兩個學生的程度差不多，所以他們設定的目標是一樣的話，那就是兩個，再加上普通生的，就是三個。普通生也有程度較差和較好的層次，先將學生的狀況清楚之後，再設定他們的目標，設定好目標之後，再去構思整個教學的流程，在這個流程裡面，教師如何把從淺到難這幾個層次的目標，在這個流程裡面帶出來。

再來針對這些目標，教師設計的學習單如何去透過什麼樣的練習，讓學生達成這個目標，教師大概可針對這幾點去想。做的過程，應該就是配合這幾個去做。

問：會不會覺得哪個學生特別不好教？

答：沒有不好教的學生，因為每個學生程度不一樣，他所需要的就是老師為他設計的目標。只是在一個班級裡，學生的程度層次有很多種的話，老師在設計上就很困難，要設計的課程難度比較高，因為要調整很多種層次，對老師而言，就是時間上的挑戰，或是經驗上的考驗。

問：很多種層次的調整，是否就是前面提到的各種課程調整？

答：同一個組裡面，普通生也有很多層次。普通生有層次，特殊生有層次，或許層次差異很大，或許一個班級裡面就有四、五個層次，要同時滿足這麼多學生不一樣的需求，是一個比較大的挑戰。挑戰是在這裡，而不是在於學生的個別差異。至於學生的行為問題，就是老師和學生之間，如果你不熟悉他的狀況。你知道怎麼處理了，就比較不是問題。

問：每個學生的起點能力不一樣，老師該如何去抓學生的程度？

答：先以普通生的能力去抓，然後再下降，大部分都是用這樣的觀點。上課的方式也是比較以普通生為整個大方向，然後再幫助特殊生能夠更往前。

第4章

主題教學

　　主題教學是當今的教育趨勢，指的是課程透過主題的方式來呈現，學生學習的目標是根據主題訂出的主軸來教，而不是照著書本教。教師的責任則是提供學生一個學習的環境，引導學生，讓學生有機會探索或得到正確及精準的事實資料。跨學科的主題課程設計及多元目標的設定適用任何學生，包括資優生和有特殊需求的學生。

　　主題教學特別適用於學生異質性高的班級，因為可以顧及很多學生的需求與學習風格，還可以增加同儕支持和發展友誼的機會；另外，學生可以在各種環境中學習，包括在社區情境、學校和戶外；主題教學還可以讓學生按照自己的步調學習，而且，任何一個主題都可以融入許多的技能與訓練（Kluth, 2003）。特殊生常需要一些獨立學習的時間，對這類的學生來說，主題教學是一種很理想的學習活動，Willaims（2003）發現對自閉症患者而言，當有老師相信他的能力，並讓他深入研究一個他特別感興趣的主題時，他就能獲得學業上的成功。

　　教導異質性高的班級老師，為了提供班上全部學生有趣又適當的課程，確保班上每一位特殊生都有機會練習個別化的學習目標，常常會選擇以主題計畫的方式教學，因為主題教學可以讓任何一個學生，都可以在學習具挑戰性內容時，練習閱讀與寫作，並且可以提升電腦、攝影或訪談的技能。自閉症學生在做主題報告時，透過合作分組可以練習溝通技巧及發展新的社交技能（如請求幫助、清楚

地說明事情等）。

　　目前各科的教學，雖以單元為主，但卻結合了主題教學的精神，發展出主題單元（thematic unit）的設計，涵蓋不同科目的內容，將它們統合在一個主題之下，就這個主題設計各式各樣的學習活動，讓學生從活動中汲取和整個主題相關的知識與經驗。單元（unit）和主題（topic）教學最大的不同是在所涵蓋的教學內容及選擇的自主性，單元教學中單元的選定是由教師主導訂定或是直接使用教科書上既定的單元，主題教學主題的選定是配合學生需要慢慢發展出來，目標是由學生與教師共同商議而來，且比起單元教學課程持續的時間較長，課程較富變化。

第一節　訂定主題

　　主題的內容包羅萬象，一般而言，選擇主題的標準如下：
1. 適合學生的程度及能力。
2. 增進學生的知識及能力。
3. 有助於了解周遭的人、事、物。
4. 能提供學生找尋資訊、搜尋資料的機會。
5. 鼓勵學生與父母溝通。
6. 增進學生表現想法的機會。

　　主題的選擇可以由學生決定想要學習的內容，也可以由老師決定。目前一般國小各科都配有教科書，有既定的內容，無法讓學生選擇要上的內容主題，但教師仍可在課本既定的主題中讓學生選取一些主題，或是每學期讓學生可以自由選取一些感興趣的主題，不論學生是否能自己選擇主題，現有的課本主題仍可採主題教學的方法來計畫及執行。

第二節　主題網的建構

　　在訂出主題之後，就可以開始建構主題網，列出主題的重點，即要包含的概念大綱，並蒐集和主題相關的教學活動及所需的教學資源。通常在尋找和主題相關的資料時，教師可以先根據自己對此主題所了解的一般知識來建構這個主題的

大綱。隨著每個人背景及吸收的知識不同，每一個人在組織及涵蓋主題內容時，亦可能有所不同，因此透過腦力激盪的方式，將他人或學生的意見合併在主題內容中，可使主題內容變得更豐富、更完整。主題網的建構可視為教學計畫的一環，因此不要完全固定不變，可以隨著課程的進行、學生的反應而調整。

　　主題網以主題為中心，用圓圈將主題名稱寫在中心並用圓圈圈起；第二層構思和主題相關的內容或單元，以確定主題帶到的範圍，將和主題相關的標題環繞著中心寫在主題周圍；第三層向外寫出每一個概念或是目標，和主題相關的概念沒有先後次序之分，這些環繞在主題周圍的概念就像是從一個中心概念（主題）散發出去的星點一般向外呈現放射狀的展現，形成一網狀圖，因此稱之為主題網。教學以主題為中心，課程要帶到主題相關的次主題或單元，透過活動學習主題概念及目標。例如主題為時間走廊，標題為語文、數學、自然、社會、美術及音樂，語文概念為文學花園及古典小說，數學概念為測量演進，社會概念為多元文化，自然概念為金屬防鏽及食物防腐，美術概念為建築演進，音樂概念為古早歌謠迎賓曲，每個概念再向下延伸為次概念形成一主題網，詳見圖4-1：

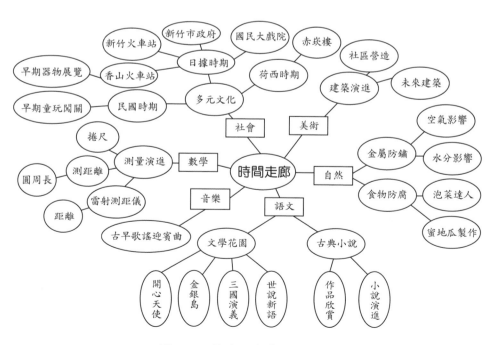

圖4-1　「時間走廊」主題網

　　主題網可以在上課前由學生製作，用來當作課程預習或準備；也可由教師製作，作為教師教學計畫用；也可在課程進行中，由教師和學生一起來設計，作為課程的一部分；也可用在課程結束後，由學生根據學習的主題記錄學習到的概念、重點及相關字彙，作為事後記錄教學內容之用。當學生能把知道的事物演出來、畫出來或寫出來時，才能將學習的內容內化成自己的知識，同時能了解到自己還需要學些什麼，這也是主題教學的真諦。當主題網完成時，可將它展示出來，並在上面記錄已經完成的活動，將已經教到的重點標示出來，課堂上來不及教到的部分可作為未來上到相關主題時要帶入的重點。以下為學生記錄學到的主題概念的方法，以自然科及生物科主題教學為例。

(一) 主題名稱：鋼棉生鏽

　　科目：自然科　　姓名：Ａ生

　　小朋友請根據下列問題盡可能以畫出主題概念圖的方式回答：

　　1. 你在這單元中學到什麼？

　　2. 這單元中什麼學習對你來說是新的？

　　3. 你認為你怎麼將所學的應用到別的科目或日常生活？

　　4. 根據這單元所學的線索，你預期下次會學什麼？

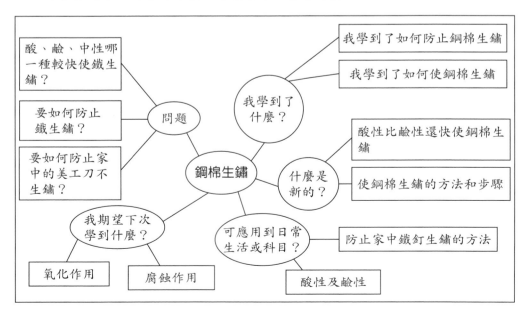

請根據主題概念圖，寫一篇自然日記記錄你如何學習「鋼棉生鏽」這個主題（至少100字）。

以前都認為鐵生鏽是理所當然的，但在這一科目中，我發現不只它產生了生鏽，更有了不同現象，像有些溶液有不同顏色的生鏽，而酸性的溶液還有些斑點，所以有許多日常生活中的事情，並不是理所當然的，它可能還有道理存在其中，總之這次課堂中十分棒。

(二) 主題名稱：血液循環

科目：生物科

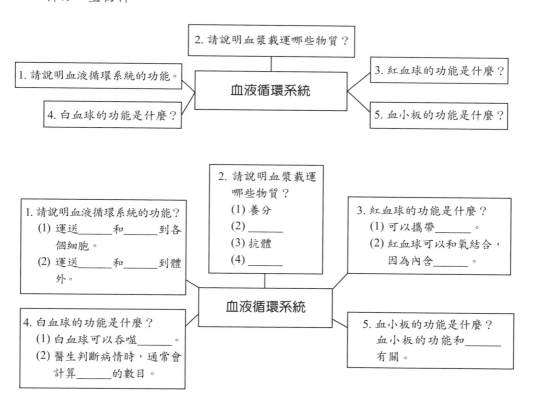

第三節　主題教學活動

　　活動可以和主題結合，選擇的主題要和自身具關聯性，減少活動內容的差異，主題活動的設計需要針對學生的起點能力設計個別化的學習目標，這種融合各種領域及學生目標的學習活動，讓學生操作與彈性選擇，比起一般的紙筆作業帶給學生較大的學習動機與樂趣。統整相同性質的活動：把性質相似的活動結合在一起，例如把和剪相關的活動，例如著色、貼放在一起，才能同時進行不同層次的教學。

　　竹大附小融合班一班有 7 位特殊生，15 位普通生含資優生。主題教學做法以主題「一念之間的變化」為例，做法如下：老師與學生們討論主題教學計畫，融入語文、自然等學科。學生建議以開舞會的型式並邀請家長參與和家長們討論——組織家長後援會，選取家長們方便的合作時間，徵調自願者幫忙烹調、打字、採購和跑腿等，還有打電話聯絡，也徵召家長們支援手工藝製作、食物烹煮、協助作研究和影片拍攝，並為計畫訂下了行事曆。

　　此外任何科目都可透過安排和主題相關的活動來呈現主題的內涵，例如透過固定的閱讀、蒐集資料、寫作、繪畫、合作小組來學習該主題，使學生對主題有概括的了解，並安排學習角落，將主題的內容安排至各個角落，讓學生在選定的角落中學習，或是在角落中輪流移動，角落中的活動可以讓學生和其他同儕產生互動，且不侷限於聽、說、讀、寫的方式，而可進行較活潑的活動，例如角色扮演，因此角落活動可作為課堂活動的延伸，讓主題教學變得更加完整。

　　根據主題所設計的活動都需有計畫、發展（操作）及最後的成品分享三個部分。一般而言，進行主題相關活動時，不管是進行哪一科目的教學，都可準備相關的素材，例如紙、筆以供參觀後畫圖、寫信表達感謝或製造出看到的物品的模型；也可以寫一本書，例如自然課在上到和動物相關的單元時，可製作飼養日記及特徵異同比較圖，並寫下欲研究的問題，也可以畫出動物生長的順序圖及位置圖；社會課上到「家庭」這個主題時可畫出家族的族譜；數學課則可以畫出性別、生日月份統計圖表及百分比。

　　教師可在主題結束時，讓學生省思每個主題學到些什麼，先了解學生對特定主題了解的情形，再安排主題教學活動，教完再了解學生了解了什麼，這樣的

策略稱為 KWL（know what learned）技巧，其中「K」是我已經知道了什麼；「W」是我想要知道什麼；「L」是我已經學到了什麼。

第四節　主題教學計畫：
各科教學如何統整在同一個主題之下

　　當教學的主題確定後，就可以提供學生概念發展的架構及教學的題材，活動的安排也就有了方向。主題可大可小，當確定一個主題後，如果主題涵蓋的範圍較廣，可將之分化成一個個的單元，就像目前的教科書每幾課形成一個主題，再分化成一個個的單元，一課一個單元，教師一課課地教，將主題的面向一一呈現出來。

　　在竹大附小融合班之主題教學計畫中，各科安排之各類型教學活動，例如大團體、小組或是角落活動，會統整在同一個主題之下，這個主題通常是以國語科為中心或另定相關之主題。以竹大附小融合班五年級上學期課程統整計畫表為例（表 4-1），表上列有主題、單元及各個領域的教學活動，以週為單位，如語文活動欄下列著和主題相關之語文活動名稱。主題乃根據各單元名稱訂定之，例如國語科單元名稱為「湖邊散步」、「水上森林」及「走入大自然」，自然科單元名稱為「生物的世界」、「水中動植物」及「大自然真奇妙」，主題名稱就綜合國語及自然科單元之內容，取名為「生態之美」。同樣地，在夢想與挑戰主題中，國語科透過實現夢想的故事思索未來的夢想，並從生活中實踐它；數學科應用柱體、錐體結構，挑戰超高夢想建築；自然科學習天氣變化原理，挑戰克服天氣限制的夢想及預測工具；社會科認識多元團體，學習運用資源，克服困難，協力實現夢想；藝術課藉由人體五官的認識，夢想挑戰國際彩妝伸展台的妝容；健康課學習人際之間的互動，運用人際資源，協力實踐夢想。

　　主題名稱列得愈廣，愈能涵蓋不同的活動；主題項下所有的活動都須和主題有關，亦即各科統整在主題名稱之下，將各種領域的活動以主題作為討論的題材或作為教學的教材，例如主題為秋天，數學課教到分類時，就可以用食物來做分類，比較食物多少。「其他主題活動」類似九年一貫課程中之綜合活動，活動內容通常安排跨不同領域的活動。

表 4-1　五年級融合班主題教學計畫表

週次	主題	（大組）國語 單元	活動	（小組）國語 單元	活動	（大組）數學 活動	（小組）數學 活動	自然生活科技 單元	活動	社會學習活動
2	感恩的季節	秋天大合唱	1.四季交響曲 2.秋的聯想	秋天大合唱	1.四季交響曲—景色描述 2.慶祝節慶	有幾種排法	分到幾個蘋果？	太陽的觀測	謝謝您賜給我光明	稻子的生產活動
3						數不清的倍數	怎麼分才公平？		早中晚位置的變化	銀行比一比 我的購物單
		秋收	1.月圓人團圓 2.中秋傳說	秋收	1.認識稻穀 2.我是小農夫					
4						形形色色			太陽太陽我愛你	大投資家理財專家
5	生態之美	湖邊散步	1.大自然日記 2.環保劇場	湖邊散步	1.美麗風景一遊 2.環保小尖兵	做一個扇形	圍成什麼形狀？	生物的世界	形形色色的生物	
6		水上森林	1.紅樹林之旅 2.綠世界	水上森林	1.認識紅樹林 2.比一比猜一猜—動態名詞	用量杯量一量	用量杯量一量	水中動植物	比賽分類水中動植物	清末的政治生態
7		走入大自然	1.感官之旅 2.動植物打擂台			因數集合		大自然真奇妙	觀看大自然之美錄影帶	分割的中國

　　有了主題後，就可將各科單元欲傳遞的概念及目標安排在語文、數學、自然與生活、藝術與人文、社會學習、健康與體育及其他主題活動中，進行主題教學活動時，教師需蒐集相關的資料，訂定主題涵蓋的範圍，整合相關的資源，設計教學活動。主題計畫表範例如表 4-2。

表 4-2　主題計畫表

- 主題名稱：生態之美。
- 課程或單元名稱：湖邊散步。
- 課程或單元重點：(1) 蒐集曾去過的美麗風景區圖片，並展示給同學欣賞；(2) 能說出大自然之美；(3) 介紹台灣的湖泊；(4) 介紹土石流發生的原因；(5) 介紹湖泊之水土保持。
- 學習者的目標：
  普通生：(1) 能發表自己的意見感想；(2) 分享自身散步的經驗；(3) 使用形容詞描述湖泊之美；(4) 對大自然抱持尊重並有愛護的觀念及行動（環保小尖兵）；(5) 能說出愛護自然的方法。
  特殊生：(1) 能說出湖邊常見的植物；(2) 聆聽同學分享湖邊散步的經驗；(3) 能跟同學一起服務社區撿垃圾（環保小尖兵）；(4) 能傾聽愛護自然的方法。
- 教具或教學材料：圖片（和湖相關的風景圖片）、環保標章、介紹土石流的影片、數學積木、地圖。

學習活動安排

語文：閱讀《湖邊散記》	數學：湖的面積與周長
社會：台灣的湖泊	健康與體育：湖邊漫步，卡路里計算
自然與科技：湖邊植物介紹，觀賞土石流錄影帶	藝術與人文：環保劇場、湖邊寫生

綜合活動：垃圾分類、環保小尖兵（社區服務）

　　主題或單元教學針對特殊生所做的調整：(1) 依特殊生的語言表達能力分配適當的角色；(2) 上到湖的周長與面積時，讓特殊生能判斷湖的大小及湖所在的地點，並加強特殊生之社會技巧；(3) 給予特殊生內容較簡單的書閱讀；(4) 盡量用圖片作為視覺的引導。

　　評量程序：透過學生的上台報告、經驗分享、寫生、環保劇場、環保小尖兵服務表現、閱讀測驗及自然科與數學科的作業單，評量學生對單元的了解。

　　融合班每年都有一主題教學日，將該月主題做深入的呈現，並邀請家長參觀。以下是一年級主題教學參觀日所呈現的教學計畫，裡面涵蓋相關活動及展示（表 4-3）。

表 4-3　主題教學計畫表

教學主題：我的學校生活	
年級：一年級	班級：飛龍里
教學時數：一個月	教學者：A 老師、B 老師、C 老師

欲達成之學習領域能力指標：
語文：A-1-2-4-2　能利用注音符號，和他人分享自己的經驗和想法（飛龍創作屋、心情日記）。
　　　B-1-1-2-2　喜歡聆聽別人的發表（字卡小老師的好聽眾）。
　　　C-1-1-1-1　能清楚明白的口述一件事情（字卡小老師）。
　　　C-1-1-2-7　能依照文意，概略讀出聲音的節奏（有節奏的朗讀課文）。
　　　D-1-1-1-1　能認識常用中國文字 1000 至 1200 百字。
　　　D-1-1-1-1　能利用部首或簡單造字原理，輔助識字（大猜謎）。
　　　E-1-2-1-1　能讀懂課文內容，了解文章的大意。
　　　F-1-4-10-3　能應用文字來表達自己對日常生活的想法（飛龍創作屋、心情日記）。
數學：N-1-01　　能熟練 1～10 及 10～1 的數字順序。
　　　N-1-02　　能解決和為 10 以內各數量的合成問題。
　　　N-1-02　　能藉由玩合起來是 10 的撲克牌遊戲，解決和為 10 以內的加法問題。
　　　S-1-01　　認識簡單的平面圖形：正方形、圓形、三角形、長方形。
生活：

生活禮儀與常規

1. 學習用餐禮儀（打菜和用餐前先洗手、唱餐前感恩歌、安靜用餐與細嚼慢嚥等）。
2. 整齊地排隊。
3. 學習整理自己的生活環境（擦桌子、掃地、拖地）。

表 4-3　主題教學計畫表（續）

品德

1. 欣賞自己與別人的優點。
2. 感恩生活中的人、事、物。

我與環境

1. 我的學校運動會——學習跳啦啦隊的舞蹈。
2. 我的戶外教學——參觀動物園，認識動物園裡的動物。

評量項目（可配合展示）：

語文：

1. 大猜謎：評量「能利用部首或簡單造字原理，輔助識字」。學生將自己習得的生字，利用生字的形狀及創造力編成謎語，成為闖關遊戲中的一關。
2. 文字藝術師：評量「能認識課文中的生字」，展示平時學生們做的生字卡，呈現學生所學習到的生字。
3. 飛龍創作屋：評量「能利用注音符號，和他人分享自己的經驗和想法」。飛龍創作屋為學生們利用課文生字學習到的語詞創作成一篇文章，會以呈現學生平時作品的方式展示。
4. 關主的考驗：由學生擔任關主向家長說明各關遊戲規則，此部分也評量了「能清楚明白地口述一件事情」。

數學：

1. 排七：評量「熟練 1～10 及 10～1 的數字順序」。學生與家長一同玩排七的撲克牌遊戲，了解學生是否能排出正確 1～10 的數字順序，此以闖關的方式呈現。
2. 撿紅點：評量「和為 10 以內的加法問題」，藉由學生與家長一同玩撿紅點的撲克牌遊戲，了解學生是否能計算 10 以內的加法問題，以闖關的方式呈現。

生活：

1. 比手畫腳：評量學生對動物的認識有多少。學生了解動物的特徵後，會自己想題目比出動物的特徵，讓家長猜是哪一種動物，此部分以闖關遊戲呈現。
2. 塗鴉隧道：藉由讓學生畫下自己戶外教學看到的動物，了解學生認識的動物，此部分以作品呈現

其他的部分會以學習檔案的方式呈現。

表 4-3　主題教學計畫表（續）

教學 活動	教學程序	教學目標 （普／特）	教學策略（分組、合作學習等特殊安排）	教材／ 時數
吹泡泡	1. 影片引導引起動機。 2. 課文情境引導實際讓學生吹泡泡。 3. 課文指導搭配生字教學及作業練習（生字教學為課文中的生字各有一位學生認領，學生會做字卡，當小老師教其他同學）。	普： 1. 能自行朗讀該課的課文。 2. 能用動作呈現表演課文。 3. 能讀、寫出該課生字。 4. 能利用該課生字造詞造句。 特： 1. 能跟著老師唸簡化版的課文。 2. 能跟著同學做課文的動作。 3. 能讀出及挑選出該課部分生字。 4. 跟著老師或同學讀該課生字的語詞及句子。	1. 合作學習（座位分組，獎勵制度中強調小組合作）。 2. 特殊生的教學目標會做調整。 3. 特殊生的作業及學習單的部分會做調整。	康軒第一冊／六節課

配合主題教學所做的布置：
1. 塗鴉隧道：將學生的相關作品張貼在教室外。
2. 主題海報。

配合主體教學所做的展示：
1. 主題海報。
2. 學生的相關作品。
3. 學習檔案。
4. 生活中品德的善行本。

表 4-3　主題教學計畫表（續）

教材架構圖：

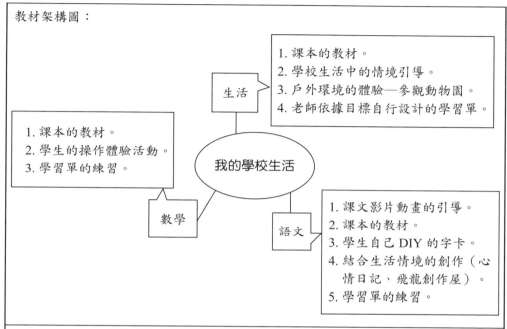

生活
1. 課本的教材。
2. 學校生活中的情境引導。
3. 戶外環境的體驗──參觀動物園。
4. 老師依據目標自行設計的學習單。

1. 課本的教材。
2. 學生的操作體驗活動。
3. 學習單的練習。

我的學校生活

數學

語文
1. 課文影片動畫的引導。
2. 課本的教材。
3. 學生自己 DIY 的字卡。
4. 結合生活情境的創作（心情日記、飛龍創作屋）。
5. 學習單的練習。

針對特殊生所做的調整：
1. 調整學習目標。
2. 調整課程教材（增加圖片、實物、實際體驗的活動）。
3. 作業的調整，設計學習單。
4. 教室環境的布置，座位的安排。
5. 鼓勵小組合作學習的模式。

主題教學參觀日所安排的活動：
1. 時光寶盒：飛龍學生的成長日記影片。
2. 感恩時刻：送感恩卡給爸爸、媽媽。
3. 闖關活動：
　• 文字魔術師。
　• 大猜謎。
　• 排七。
　• 撿紅點。
　• 比手畫腳。
　• 塗鴉隧道。
　• 學習檔案的展示。
4. 親師座談。

第五節　多元智能多層次教學

　　融合班強調重視每個學生的優勢能力，讓每個學生獲得自信心和成就感。多元智能符合融合教育精神，多層次教學結合多元智能更能達到因材施教的效果。多元智能多層次主題教學範例如下：

一、主題：戀鄉愛土

　　配合各科上課內容訂定。

二、重點

1. 認識苗栗縣苑裡鎮的自然環境。
2. 了解有機稻米的成長過程。
3. 了解有機稻米對環境的重要。
4. 了解稻穗怎麼變成白米。
5. 因應 WTO，農民如何自處？

三、包含領域及重點

1. 語言：閱讀稻米相關資料、重點整理、口頭報告。
2. 邏輯數學：找出白米製作過程和機器使用的先後順序。
3. 空間：留意並適當分配海報製作時的圖文版面位置。
4. 肢體動覺：實際體驗用手剝稻殼、自製有機米飯糰、下田拔雜草、揀菜。
5. 音樂：欣賞「農村曲」。
6. 人際關係：合作學習（小組組員共同製作海報）。
7. 內省：小組之間的觀摩與學習、了解有機農業對環保的重要。

四、多層次學習目標

重點	層次一（最高）目標	層次二目標	層次三目標
認識苗栗縣苑裡鎮的自然環境	了解苑裡鎮的氣候、地形、土壤和水源，以及它們與農業的關係。	了解苑裡鎮的氣溫、地形、河流和主要產業。	了解苑裡鎮位於台灣西北部，是個以農業為主的鄉鎮。
了解有機稻米的成長過程	• 了解種植一般稻米的過程。 • 說出有機稻米的特色。 • 知道一般稻米和有機稻米的差別。 • 了解有機稻米對環境保護的重要關聯性。	• 正確排列出一般稻米的種植過程。 • 認識有機稻米的特色。 • 找出一般稻米和有機稻米的異同。 • 知道有機稻米對環境的重要。	• 能看圖說出一般稻米的成長過程。 • 能找出有機稻米的特色。 • 能看圖找出一般稻米和有機稻米的不同。 • 了解有機稻米對環境是重要的。
了解稻穗怎麼變成白米	• 能說出稻穗變成白米的過程。 • 說出各式碾米機的外觀和功能。 • 能說出機器碾米的過程。	• 了解稻穗變成白米的過程。 • 認識各式碾米機的外觀和功能。 • 能排出機器碾米的過程。	• 分辨稻穗、稻殼、雜草、胚芽米、白米的外觀。 • 認識碾米機的外觀和功能。
傳統農業的轉型	• 說出休閒農業的意義。 • 了解休閒農業的類型。 • 了解休閒農業的特色。 • 了解因應我國加入WTO之後的做法為何。	• 了解休閒農業的意義。 • 能找出休閒農業的特色。	• 認識休閒農業。 • 能看圖說出休閒農業的特色。

五、學習活動

重點／活動	閱讀資料
多層次策略	能力較好的學生自主閱讀，並協助其他學生找出重點並整理。
語言	閱讀並理解資料，找出重要標題。
邏輯數學	依照順序排列次標題。
空間	
肢體動覺	用筆在資料上畫重點。
音樂	
人際關係	團體合作共同統整並分享資料。
內省	

重點／活動	認識苗栗縣苑裡鎮的自然環境
多層次策略	能力較好的學生可說明苑裡鎮的氣候、水源、土壤和地形；能力其次的學生看圖找出河川和地形分布。
語言	能口頭報告海報內容。
邏輯數學	有邏輯地找出自然環境對苑裡鎮土地利用和稻米種植的影響。
空間	在地圖上找出苑裡鎮地形、河川和土壤分布的相對位置。
肢體動覺	利用黏土做出苑裡鎮地形分布圖。
音樂	
人際關係	小組合作查閱資料、協調分工內容並製作海報。
內省	互相觀摩學習。

重點／活動	了解有機稻米的成長過程
多層次策略	能力較好的學生可說明一般稻米和有機稻米成長過程的不同處；能力其次的學生可正確排列出稻米的成長過程。
語言	能流暢介紹有機稻米的特色。
邏輯數學	能有條理地介紹稻米的成長順序。
空間	可適當分配海報的圖文、表格、版面內容。

（續）

肢體動覺	下田踩爛泥、拔雜草、抓福壽螺、餵合鴨、採收青菜、製作飯糰，實際體驗粒粒皆辛苦的心情。
音樂	欣賞稻米相關的台灣傳統歌謠（例農村曲、快樂的農家）。
人際關係	小組討論分工內容。
內省	互相觀摩學習。
重點／活動	**了解稻穗怎麼變成白米**
多層次策略	能力較好的學生可說明碾米的過程，並依序介紹各式碾米機的名稱和功能；能力其次的學生幫忙畫出稻穗變白米的過程。
語言	能說出碾米機的功能和碾米的過程。
邏輯數學	能依序介紹稻穗變白米的過程，能了解煮一碗飯所需要的米粒數量為何。
空間	觀察碾米過程，感受巨大碾米機的空間感和了解米粒在管路間輸送的曲折路線。
肢體動覺	用手剝稻殼、胚芽，了解人工碾米的費工費時；操作色彩選別機，認識機器的原理。
音樂	
人際關係	小組討論分工內容。
內省	互相觀摩學習，了解一包米的產生需要集合眾人的努力。
重點／活動	**傳統農業的轉型**
多層次策略	能力較好的學生可介紹何謂休閒農業和加入 WTO 的關聯性。
語言	能流利說出農民發展休閒產業的意義和好處。
邏輯數學	能依序介紹我們在「有機稻場」體驗到什麼。
空間	了解「有機稻場」的空間規劃。
肢體動覺	
音樂	
人際關係	小組討論分工內容。
內省	互相觀摩學習。

六、教學策略：以「稻穗怎麼變成白米」為例

（一）多層次策略

能力較好的學生可說明碾米的過程，並依序介紹各式碾米機的名稱和功能；能力其次的學生幫忙畫出稻穗變白米的過程。

材料：海報紙、蠟筆、色鉛筆、彩色筆、機器碾米的圖文資料和膠水。

程序：學生五人一組（不同程度），全組上台介紹碾米的過程。

（二）語言

能說出機器碾米的功能和碾米的過程：選石機、礱殼機、碾米機、洗米機、色彩選別機。

（三）邏輯數學

能依序介紹稻穗變白米的過程，能體會煮一碗飯所需要的米粒數量為何。

學生可以比較使用雙手剝稻殼和機器碾米的時間長短，此外還可藉著觀察桌上量米杯裡的米粒數量，了解煮一碗飯需多少米粒，藉此約略感受「概數」的概念。

（四）空間

觀察碾米過程，感受巨大碾米機的空間感和了解米粒在管路間輸送的曲折路線。學生也可看到的巨大碾米機是什麼樣的形狀。

（五）肢體動覺

用手剝稻殼、胚芽，了解人工碾米的費工費時；操作色彩選別機，認識機器的原理。

學生用手剝稻殼、胚芽，了解人工碾米的辛苦以及白米和胚芽米的差別，另外藉著觀察操作色彩選別機，了解品管對稻米產品的重要性，並認識機器的原理何在。

（六）人際：合作

　　小組討論分工內容，五人一組分工完成海報，有人查資料、有人重點整理、有人負責抄寫、有人畫插圖和貼照片，還有人需要上台口頭分享海報內容。

（七）內省

　　互相觀摩學習，了解一包米的產生需要集合眾人的努力。

　　學生欣賞彼此的精彩報告，在活動結束後，可分享自己所體會的事物，或是其他有趣的想法。

第六節　主題教學的評估

　　主題教學的評估可依照下列指標，指標及結果如表 4-4。

表 4-4　主題教學評估指標

主題名稱：人與環境	
評估指標	結果
主題及導引問題：這些主題或導引問題有必要嗎？用什麼方式？	主題設定為人與環境，強調人與環境間的互動及省思，其中主要概念設定為： • 記錄及流暢的表達（語文）。 • 將與環境互動的過程量化（數學）。 • 人與環境過往互動的記錄（社會與文化）。 • 對環境的重視與保護（自然與生活科技）。 • 與環境互動過程的安全性（健康與體育）。 • 感受環境之美，並以素材表達（藝術與人文）。 將以上概念運用講述、參訪活動、美勞作品等方式引導學生感受。

表 4-4　主題教學評估指標（續）

評估指標	結果
預期結果：要學生達成的知識、技能是否加以確認？是否有切身關係？合乎發展進程嗎？	• 學生能了解老街演變過程、欣賞廟宇之美及認識先民使用之器具。 • 學生會運用再生媒材進行創作。 • 學生能知道各類水生動植物，並懂得保護環境。 • 學生會規劃行程，並將過程記錄及表達。
學習內容：是否包含哪些概念？	• 記錄及流暢的表達（語文）。 • 將與環境互動的過程量化（數學）。 • 人與環境過往互動的記錄（社會與文化）。 • 對環境的重視與保護（自然與生活科技）。 • 與環境互動過程的安全性（健康與體育）。 • 感受環境之美，並以素材表達（藝術與人文）。
思考技巧：是否包含高層次的思考技巧？有哪些？	知識、理解、應用、分析、綜合。
訂定計畫：學生有訂定學習主題之計畫嗎？	各組訂定參訪時的訪談主題及問題大綱。
強調哪些智能：學生是根據八種智能來學習嗎？	• 語言智能：有效運用口語或書寫的能力。 • 邏輯數學智能：有效運用數位工具和推理的能力。 • 自然觀察智能：對周遭生活環境的認知與喜好表現。 • 肢體動覺智能：善於運用整個身體來表達想法和感覺，及運用雙手靈巧地生產或改造事物。 • 內省智能：有自知之明，並據此做出適當行為的能力。 • 人際關係智能：察覺並區分他人的情緒、意向、動機及感覺的能力。
實際應用：是否要求學生在教室之外應用所學？	要求學生能規劃行程並釐清欲解決之問題，而後確認目標並加以記錄過程。

表 4-4 主題教學評估指標（續）

評估指標	結果
智能的深度發展：是否透過輔導制度來發展學生的長處？怎麼做？	透過參訪活動、美勞作品發表等綜合活動發現學生長處，並運用加深加廣之課程設計發展學生長處。
評量：包含評量的三面向（人際、內省以及內容和技能）嗎？教師及學生如何接受回饋？	• 於活動過程中評量學生人際互動技巧及內省能力，而後運用綜合活動檢視是否習得內容及技能。 • 學生於活動結束後進行心得分享，與教師進行相互回饋。

第七節　主題報告

　　在一般的學校，學生很少有選擇課程內容或參與課程決定的機會，在融合班，獨立學習被當作教學的方式之一，每學期學生要合作完成一篇主題報告以供學生主動學習、自我要求及合作學習。在教師的協助下，學生可以選擇並營造自己的學習歷程，包括要研讀的主題內容、要學習的目標、學習的策略、所採用的活動，以及所運用的資源。學生也可選擇如何展示和評量自己的成果。教師的角色從傳授內容擴及到教導學習歷程，如此學生可以在學習與經營獨立學習中體驗到成功。對小學生而言，做一篇專題報告並不容易，低年級學生當然無法真正完成一篇報告，因此可以協助他們選一些低年級較熟悉的主題，針對重點做一篇短的、以圖為主的報告。主題報告內容由每組學生自訂，除了書面報告外，還要有口頭報告。

　　以專題計畫為學習基礎的技能應該確實地教給學生，因此教師要引導學生並提供學生指引，大部分的獨立學習方案是透過學習契約來組織。通常，這種契約是由學生、家長與教師共同協議而成的。表 4-5 呈現融合班主題報告合作學習契約表，從中可看出學生如何執行計畫。

表 4-5　主題報告合作學習契約表

組別：六　　組長：　A生　　　組員：　B生、C生、D生、E生、F生、G生

主題：新竹城隍廟

★目標：（列出四個想要知道的問題）

1. 城隍廟小吃　　　　　　　　　2. 神明的故事

3. 廟內古蹟　　　　　　　　　　4. 城隍廟舉辦的活動

★學習策略：（你要用什麼方法來學會它？）

1. 上網查資料　　　　　　　　　2. 閱讀書面資料

3. 實地參訪

★資源：（誰可以提供你資源及提供些什麼？）

1. 訪問工作人員　　　　　　　　2. 文化中心古蹟維護課

3. 訪問城隍廟的香客和遊客

★展示方法：（你們將如何展現所學主題？）

靜態：1. 書面報告　　　　2. 海報　　　　3. 神明面具　　　　4. 實地參訪照片

動態：1. 戲劇演出——七爺八爺出巡　　2. ppt 報告

★任務分工表：

組員姓名	負責事項
A生	協調分工、找資料、戲劇演出。
B生	面具製作、參觀拍照、訪問、戲劇演出。
C生	參觀拍照、訪問、戲劇演出。
D生	參觀拍照、訪問、戲劇演出。
E生	找資料、ppt製作、參觀拍照、訪問、戲劇演出。
F生	戲劇演出、海報製作。
G生	面具製作、準備道具、戲劇演出。

★工作時間表：

週數	預計完成事項
第 10 週（11/01）	查資料、製作 ppt、書面資料。
第 11 週（11/08）	製作 ppt、實地到城隍廟參觀訪問。
第 12 週（11/15）	戲劇分配角色及排演、書面資料。
第 13 週（11/22）	海報製作、戲劇的道具製作、最後整理。
第 14 週（11/29）	練習發表。
第 15 週（12/06）	正式發表。

表 4-5 主題報告合作學習契約表（續）

★評量項目：（你認為一份成功報告的標準是哪些？）
 1. 呈現方式多樣化 2. 主題網 3. 目錄 4. 心得 5. 分工協調

★計畫評分標準：
 1. 資料蒐集的完整性：涵蓋主題的深度與廣度，與其他科目的連結。
 2. 資料整理的組織與結構：將資料經過剪接，整理成一篇完整的文章。
 3. 資料呈現的方式：例如附上相片、圖片及說明。
 4. 分工合作：如何將工作分工。
 5. 每個人參與及學習的部分：須附上每個人學到什麼等感想。
 6. 海報製作：將主題內容畫成海報。
 7. 口頭報告。
 8. 這個計畫規劃、發表和執行間的契合度。
 9. 內容正確性。
10. 內容深度及廣度。
11. 創造力和獨創性。
12. 資源的使用。
13. 活動的安排。
14. 其他人對計畫的評價。
15. 學生省思的品質：省思學到什麼？未來計畫還要做些什麼？透過閱讀老師的評
    量及分析發表時錄影帶，省思他們的計畫透露什麼樣的訊息——興趣、強處、
    挑戰，並將這些訊息納入未來的計畫中。

就如在主題學習契約上所看到的，是由學生決定要學什麼、怎麼學、時間的
架構、如何展現新學得技巧的方式，以及如何檢視他們的學習。教師的角色包括
協助個人和小組、協商契約、為學生的主題報告安排聯繫，以及幫助學生解決在
規劃、管理與運用資源上所碰到的問題。以計畫為主的教學與傳統的教學有很大
的不同，學生變成是自我學習的啟動者，與教師變得更親近。對大多數的學生而
言，計畫能促進他們的課業和合作精神，並能從中領略到如何經營未來成年生活
中的各種真實計畫。

在整個主題報告撰寫上，最難的部分是資料的吸收與歸納整理。隨著電腦

科技的發達，從網路上常可找到很多的資料，但如何整理資料就是一門學問了，因此教師應教導學生如何蒐集、閱讀及整理資料，並和學生討論（討論表詳見表 4-6），在管理學生的主題計畫報告時，老師應該要把時間清楚地列出來，並教導學生如何訂出內容及進度，例如一個月討論內容，一個月蒐集資料等，透過循序漸進的方式，來完成一件較難的工作。老師還要協助督導各組是否如期完成進度，並在每週留一些討論的時間，讓學生了解每個人的進度，這樣可以避免主題報告到了最後才匆匆忙忙地完成，辜負安排主題報告的美意。此外老師應協助學生分工，再督促他們完成自己該負責的部分，然後才予以統整，以免學生無法達到分工的共識，也可避免只有少數同學參與，而其他人不知如何協助的情形發生。口頭報告時亦須事先做分工，報告時由別組同學提問，給予別組回饋，增加互動機會。在計畫完成分享後，選出學生的作品來集結成冊。

表 4-6　小組與老師會談記錄單

年級：_____　組　　別：第_____組
日期：_____　參與人員：_____
記錄：_____　老師簽名：_____
1. 目前進行的進度：
2. 我們的討論內容：

表 4-6　小組與老師會談記錄單（續）

3. 我們的提問：

_____

_____

_____

_____

_____

4. 老師的建議：

_____

_____

_____

_____

_____

_____

第 **5** 章

全語文教學

　　學生需要完整的語文學習，時下所謂的「全語文教學」就是利用文學作品做教材，讓學生聽、說、讀、寫能力同時成長。透過閱讀的活動，傾聽、閱讀、討論、發表、分享、寫作，以學生為主角，教師扮演引導者的角色，透過精心設計的活動引導學生語文的學習達到認知、語言、技能及社會的學習。

第一節　全語文的原則

　　語文教學最重要的原則是讓學生有機會使用語言，而不只是片段地抽取文章中的語詞或句子來練習，例如將課文的語言抄寫幾遍，當成考試項目或作造句。這類的練習或考試只讓學生認識教到的字、詞或注音符號，學生看到這些字或許能唸出，如未呈現其用法或給予使用的機會，將隨著記憶力的消退而愈來愈生疏。因此若要發揮語言的功效，要讓學生有機會運用或使用學會的語言或文字，做法為將這些語詞串成一篇文章，或在課堂上鼓勵學生發表，或談論他們學習的事物，給學生機會問問題或回答問題，透過寫作或寫下發生的事情，或是看完文章或聽完老師講述後記錄聽到或看到的內容。

　　以下將呈現兩則運用全語文概念編成的學習單：

一、選五個語詞造句或寫短文

心存感激　捨身為國　無怨無悔　閃電大作　四面八方　神乎其技　奪門而出　兩腿發軟　齜牙咧嘴　不辭辛勞　興高采烈　讚不絕口　貪得無厭　多采多姿　擠眉弄眼　搔首弄姿　不由自主　恐怕

二、請利用下列成語編成一篇短文（約 50 字）

「前所未有」、「姑且一試」、「以身作則」、「遲疑不前」。

　　小晶（妹妹）、柔兒（姊姊）是一對父母雙亡的姊妹。父母逝世後小晶忽然出現抽菸、吸毒、蹺課等行為，她這些行為都是前所未有的。柔兒想，難道是我帶壞了小妹？我應該以身作則才對。但小晶還是依然故我。

　　一天，在路上撿到一張「健康心理輔導」的傳單。柔兒遲疑不前，因以前她朋友的母親也拿到一張來路不明的傳單，但去了只是賠錢。柔兒想，但這也是一個機會，不妨姑且一試。結果去治療了一個多月後，小晶大有改進。

三、國文第二冊第六課「背影」

（一）主題分析

本課單元主題「背影」可歸類為哪一類型的主題（季節、動物、人、詩詞、物及勵志類）？

（二）問題

1. 這一課談到父親，請用五個成語來描述你的父親。
2. 寫下相似的詞語，並造句：
   禍不單行……
   蹣跚……
   差使……
   「光景是一日不如一日」……
   筆觸……
3. 全文分成幾段？每一段的段落大意為何？哪幾段是敘述現在的事？哪幾段是敘述過去發生的事？
4. 指出本文的文體：詩、抒情文、記敘文、論說文？
5. 請指出下列句子用的是哪一種修辭技巧（倒反、象徵、映襯、設問）使文章曲折變化。
   我那時真是聰明過分（　　）
   我這樣大年紀的人，難道還不能料理自己麼？（　　）
   我最不能忘記的是他的背影（　　）
   他給我做的「紫毛大衣」和他戴著「黑布小帽」，穿著「黑布大馬褂」、「深青布旗袍」（　　）
6. 用下列語詞（父親、差使、躊躇、妥帖、一股腦兒、東奔西走、勾留）寫出一段文字。
7. 作者和其父親共說了五次話，內容為何？
8. 作者共流了三次淚，是為什麼流淚？

9. 說出句子「暗笑他的迂」的含意。

10. 將本課句子改寫但不影響原意：

父親因為事忙，本已說定不送我，叫旅館裡一個熟識的茶房陪我，但終於不放心；頗躊躇了一會。

_____

_____

_____

_____

11. 照樣造句：

將（橘子）（一股腦兒）放在我的（皮大衣）上，於是（撲撲）衣上的泥土，_____

心裡很（輕鬆）似的。

　　全語文教學認為語言學習的歷程應該將聽、說、讀、寫自然地統整在一起，而不是將聽說讀寫各自為政，全語文建議寫之前應先閱讀，進入文章的情境後，再讓學生寫下故事或文章的大綱，如果文章適合編成劇本，就可以改編成有對話型式的劇本，安排學生角色扮演，如果無法編成劇本，也可將內容做成問題，讓學生討論，寫下討論的結果，或畫成海報上台發表，不只是語文課可應用全語文的概念，數學課或自然課也可透過討論或操作，記錄得到的結果。

　　全語文教學同樣可透過設置語文學習區的方式來達到提供語言經驗的目的，在閱讀區，可放置一些和學生生活相關的書籍，以幫助他們建立對書本和對故事的知覺，此外也可設立書寫區，提供書寫的工具（例如電腦）和材料及各種供書寫的練習。

　　全語文教學強調給予學生完整的學習，將不同的科目內容統整在一個主題之下，打破科目間的藩籬，用各種活動來呈現主題內容，讓主題變得有意義，例如在主題教學中安排語言使用、角色扮演、畫畫、訪問等活動，這樣的教學能提供學生全方位的語言經驗，也讓語言學習跨科目。因此，全語文教學可透過主題教學來達成。

第二節　全語文教學的步驟

全語文教學的概念不只是可用在語文領域的學習，也適用在其他的學科。全語文教學的步驟如下：

1. 引起動機：用圖片、錄音／錄影帶、故事等活動引導學生進入主題情境。
2. 閱讀：閱讀主題相關的文章或書籍。
3. 傾聽：傾聽老師介紹教材的內容、文字、插畫、主題。
4. 討論：討論主題，深究內容及感想。
5. 延伸活動：可以透過角色扮演、製作海報、寫作、辯論、蒐集資料等活動將所學延伸及統整。
6. 展示作品：展示創作內容並給予發表機會，以增進學生學習的動機。

第三節　閱讀理解

全語文教學另一重點就是學習者要知道自己學到了什麼，並且了解自己是如何學到的。因此，教師在教學告一段落時應讓學生談談自己學到了什麼、讀了什麼、寫了什麼。也就是閱讀時要了解所讀的內容，閱讀才有意義，寫作也必須複述自己所寫的內容，確定是可以理解的。為了做到這些，教師除了講述外，還需設計故事圖（story map），以了解學生是否能充分運用及理解所獲得的訊息。簡言之，全語文教學強調聽說讀寫是統整而不是分離的，學生聽完、閱讀完，還要寫、以及說出看到聽到及讀到的內容；學生能真正理解閱讀的內容才算是真的閱讀。

故事圖通常用來評估閱讀的理解，運用故事圖的結構，可將每一課視為一篇故事，問學生問題，以求更深入地探究課文內容。故事圖常問的問題如下：

1. 角色（人物）：做些什麼、為什麼做、什麼時候、連接成句子、重要字？
2. 事件（問題）（地點）：發生什麼事、為什麼（前因）、後果、參與的人？
3. 事件發展及過程、企圖？
4. 結局？

5. 感想：學到什麼？

以主題「魯班學藝」作故事圖時，可將故事重點作成故事圖（圖 5-1）。

1. 角色（人物）：魯班及老師傅。

2. 事件（問題）（地點）：魯班拜師學藝。

3. 事件發展及過程、企圖：要通過三個考驗。

4. 結局：老師傅收魯班為徒，魯班發明很多東西。

5. 感想：有志者事竟成。

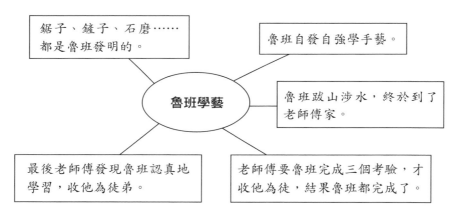

圖 5-1　「魯班學藝」故事圖

根據故事內容問下列問題：

1. 學習新的事物時，自發性的方式和強迫性的方式有什麼差別？哪一種態度
   比較好？
   (1) 一個是自己心裡想要做的，另一個是自己心裡不想做，可是一直被別
      人逼的。
   (2) 自發性的比較好。

2. 請略述老師傅的三項考驗。
   (1) 修理一些數十年沒用過的工具。
   (2) 把又粗又高的百年老樹鑱倒。

(3) 把樹幹做成圓圓的樑柱。

3. 魯班最後為什麼會成功？你覺得魯班有什麼榜樣值得你學習？

　(1) 因為魯班學習工匠手藝的決心和毅力，感動了老師傅的心。

　(2) 做事要有決心和毅力，而且不要半途而廢。

以主題「樹」作故事圖時，可問學生下列問題：

1. 這個故事的名稱是什麼？

2. 這個故事發生在什麼季節？

3. 到底是誰在敲寬寬和容容家的門？

4. 寬寬和容容做了什麼事使老樹很舒服？

5. 當樹公公把寬寬和容容抱起來時，作者形容樹公公像什麼在保護大家呢？

第四節　　老師訪談

問：請問您認同全語文的看法嗎？

答：全語文的概念滿好的，主要是讓學生在生活中能夠應用語文，例如老師給的作業。以前寫作文時，老師可能只告訴學生這一節是作文課，作文題目是「我的志願」。老師的教學方法也是會引導，例如第一段應該寫什麼、第二段應該寫什麼，架構會比較完整。

而現在的全語文的概念，比較會是要讓學生覺得自己有需要去寫作文，例如教師不會直接告訴學生這一節要寫作文「我的志願」，教師可能會製造一些情境，例如昨天有一位同學生病沒來上學，我們昨天上課有談到一些東西，是不是今天每一個同學都把你們昨天討論的東西寫成一封信，然後寄給那位同學讓他知道我們上課在上什麼。

就是利用生活中的一些情境，例如我們生活中會做些什麼事？會寫信、會上網寫 e-mail……，可能生活中如果要煮菜買菜，要會列一張菜單，或是煮菜要看食譜，就是從生活情境中去找一些文字的東西、語文的東西，讓學生覺得自己寫這個東西是有用的，他就會想要寫。

或者我們會看課外讀物，有些人有寫摘要、做筆記的習慣，也可以讓學生練習做這一部分。或是有些人有寫日記的習慣，就是不要讓學生覺得寫東西

是很刻意的，而是讓他覺得現在有需要寫，所以教師製造一些情境，學生就會覺得沒有什麼負擔，只是把自己的想法寫出來，目前是比較朝這個方向去做。

現在也很鼓勵閱讀，多讀課外書，例如讀書會，班上如果常常有書，就可安排學生閱讀時間，例如上學期在三年級有給學生寫閱讀日誌，沒有每天寫，一個禮拜大概有三天早上導師時間讓學生自由閱讀，閱讀完大概剩下十分鐘時間就寫閱讀日誌，不用寫很多，學生可以寫剛剛看了什麼書，如果有的書比較厚，就寫看的那個章節，感想是什麼，大略寫一下，老師給的回饋很重要，學生看到老師寫的回饋，可能就會激發想要再寫的動機。

第6章
合作學習在融合班之應用

在今日各行各業普遍強調分工的社會趨勢下，常只強調「分工」而忘了「合作」的重要。合作學習乃基於傳統學習過分強調競爭的缺失而設，希望在教學環境中促進更多的合作行為，以提高學生的學習成就並增進學生的社會技巧。合作學習不只對一般學生而言是一個很有效的學習策略，也能適合輕度障礙者在普通教室中學習。

Sharan 和 Russell（1984）認為合作學習乃是將學習內容再設計，允許學生在小組內分工合作，結合教室生活的學科及社會互動層面，提供學生奉獻己力，以增進小組成員個人的進度，並分享共同學習的喜悅的一種方式。

第一節　合作學習的要素

Slavin（1978）認為合作學習是一種讓學生在一種小型合作團體或小組中一起工作以達精熟學習之學習策略。Johnson 和 Johnson（1994）則認為合作學習包含相互依賴、面對面溝通、個人績效責任、小團體及人際技巧等四個要素。綜合上述之要素分析，合作學習的特色簡述於下：

1. 兼顧團體目標及個人績效責任：Slavin（1978）提出合作學習須達到兩種目標，一為團體目標，一為個人的績效責任，須精熟每個人所分配到的部

分，且每個人對組員的進步也提供回饋、鼓勵及幫助；個人分配到的工作與小組工作相結合，在乎個人的努力會對團體產生影響。

2. 鼓勵相互依賴：所謂相互依賴乃是你需要別人、別人也需要你，學生在合作學習的情境下，體會到彼此間相互支持、有難同當、有福同享，分享彼此的學習責任，組員相互幫忙和鼓勵以確信每個人都能完成其分內的工作。

3. 鼓勵同儕互動：以往的教學多流於老師對學生的單向溝通，鼓勵學生安靜、自制，不鼓勵學生彼此討論。學生間面對面的溝通，各種互動的型態及語言的交換，才能增進彼此相互依賴、關心而影響教育的結果。

4. 強調小團體及人際技巧：強調合作、人際關係增進、同儕間的感情，教導學生如何一起工作、稱讚、問問題及協助他人學習。

5. 重視團體歷程：指的是讓學生體會組成團體的過程及熟悉團體的運作。團體歷程乃指給予學生適切時間及過程去分析小組運作及使用社會技巧的情形，強調自我檢視，及不斷進步與成長的重要。

6. 組成異質性的小組：合作學習通常採用二至八人的異質性小組，以增進學生的認知技巧及社會技巧，例如將不同能力、性別、種族背景的學生分配於同一小組中一起學習。

7. 合作學習團體進行活動中，老師會觀察每個小組成員的表現，分析問題和提供學生回饋。

8. 合作學習團體老師給予學生時間去討論小組活動進行的情形，而在傳統學習情境中，老師很少注意這些歷程，甚至不鼓勵在課堂上交談。

合作學習很受致力推廣融合教育者的支持，因為合作學習需要建立在合作的基礎上，這包括分享、認識差異、共同合作和完成共同目標等。合作學習也讓學生有機會接受「排排坐」和傳統的聽講與抄筆記以外的上課方式；所以，合作學習可以符合較多種學習風格的需求，以及適合異質性高、多種學生學習特質的團體。綜合以上定義，合作學習乃是一種有結構、有系統的教學策略，能適用於不同的年級及不同的學科領域。在合作學習中，老師依學生的能力、性別、種族背景等特質分配學生到一異質小組中，鼓勵彼此互相協助，除了達到個人的學習效果外並達成團體的目標，公平地對待每個成員，對特殊生不需過分獎勵，以免其他同儕視之為特殊分子影響合作學習的實施。鼓勵每個學生在學業上和自己比，

也要確定小組中的每個人都有機會達到其學習目標。

第二節　合作學習與競爭、個別學習之比較

在很多教室，教育多是以競爭為主，讓學生處於贏或輸的情境中，當有人拿了第一名，比第一名分數低者，就只能拿第二名以後的名次，也就是一人贏得頭彩，其他人就輸了。學生為了拿到第一名，就形成競爭，競爭下只有少數能贏，在僧多粥少的情況下，大多數人不相信自己有機會贏，就放棄努力及向上的動機。解決之道是鼓勵學生一起合作，共同完成一件工作，例如大家一同來解題，當大家有共同的目標時，就不需互相競爭，而可竭盡所能，群策群力，互助合作。在這樣的情況下，學生的成就或分數取決於每個人的努力及共同完成的結果，所有參與者都必須參與，即使是能力較差者，亦必須分擔工作，只是參與的方式是依其能力而定，因此在分配工作時，需給予適合每個人能力之工作，才能讓每個人都有機會為團體貢獻心力。

表 6-1 就合作學習、競爭學習與個別學習做比較。

表 6-1　合作學習、競爭學習與個別學習的比較

	合作學習	競爭學習	個別學習
學習目標	目標是重要的。	目標對學生而言並非是最重要的，他們關心的是輸贏。	目標對個人是重要的，每個人期望最後能達到自己的目標。
教學活動	適用於任何教學工作，愈複雜愈抽象的工作愈需合作。	著重於技巧的練習、知識的記憶和複習。	簡單的技巧或知識的獲得。
師生互動	教師督導、介入學習小組以教導合作技巧。	教師是協調、回饋、增強和支持的主要來源。老師提出問題，澄清規則，是衝突的協調者、正確答案的判斷者。	教師是協助、回饋、增強和支持的主要來源。

表 6-1　合作學習、競爭學習與個別學習的比較（續）

	合作學習	競爭學習	個別學習
學生間的互動	鼓勵學生間互動，幫助與分享，屬積極相互依賴。	以同質性組成小組以維持公平競爭，屬負面相互依賴。	學生間沒有互動。
學生和教材間之互動	依課程目的安排教材。	為小組或個人安排教材。	教材的安排及教學純粹為個人而做。
學習空間安排	小團體。	學生三人一組或形成小團體。	教材的安排及教學純粹為個人而做。
課程評鑑	標準參照。	常模參照。	標準參照。

在傳統強調學習競爭的結構中，學生是常態分配下的一點，學生彼此間是一種負向的相互依賴關係，唯有打敗他人方能出頭。因此，在個人學習的結構中，需依個人的學習情況追求自己的目標，而忽略了他人的目標成就。然而在合作學習架構下，學生一起工作以完成共同目標，是一種利人利己的團體關係。

因此合作學習具有傳統學習所沒有的優點，其優點如下：

1. 避免班級間不當的競爭，教導學生適當的競爭。
2. 強調學習環境間同儕的合作。
3. 讓學生自由地參與學習的過程，而不和同儕比較。
4. 能增進小組成員分享、協助。
5. 異質性團體可以增進普通生及特殊生的社交及認知能力。

第三節　合作學習實施方式

合作學習的實施策略非常多，最常用的有 10 種策略，每種策略又可以依據不同的學生、科目設計不同的實施方式，以竹大附小融合班一至六年級共六個融合班級的 18 位教師為施測的對象，回收的有效問卷共有 16 份，最多教師使用過的策略為「聯合聲名」，16 位教師中，有 14 位教師使用過此策略；而最少教師使用的策略為「核心朋友」，只有 6 位教師曾經使用過，以下將這 10 種策略使

用的結果說明如下（易世為，2005）：

一、聯合聲明（roundrobin）

(一)步驟

    1. 講解：老師講解。

    2. 分組：分小組並讓成員準備自己要完成的工作。

    3. 進行：使小組成員分別完成自己的部分任務。

    4. 討論：老師帶領討論。

    5. 訂正：學生進行訂正。

(二)效果

    1. 可促進學生表達自己的意見。

    2. 可複習之前學習的知識。

    3. 使寫作富有創造力。

(二)例子：社會科──台灣東北方地理

    1. 老師先用講解的方式解說台灣東部的地形，並且要求大家思考如何從台北市到花蓮進行一趟旅程，並讓班上每個人獨自思考 30 秒。

    2. 四個人一組，老師給一張空白地圖，及四種顏色的筆給每個小組成員，老師指導第一個學生在空白地圖的第一個城市上寫上一段說明文，寫完後傳給右邊的同學，再寫一個城市，直到四人傳完。

    3. 老師將大地圖投影給學生看，學生可以據此修改自己的地圖。

    4. 小組四人在地圖上由起點開始畫路線圖，每經過一個城市就換一人接下去畫。

    5. 畫完後教師帶領導進行討論。

    6. 最後教師拿出正確的地圖，學生進行訂正。

(四)優點

    1. 每個學生在小組中都會有相等的貢獻及重要性，不會變成小組的某一兩人掌握大局。

    2. 個人有獨立思考的時間，可以發揮自己的意見。

    3. 實施方式簡單。

（五）缺點

　　1. 不適合能力相差太大的異質團體。

　　2. 團體的意見不易被整合。

　　3. 小組共同討論的時間不多，無法產生足夠的互動。

（六）結果

　　此一策略中教師最常使用的為步驟 5 訂正，較少使用的為步驟 2 和 4 分組和討論。所有融合班教師認為此策略適合用在國語科，大多數教師認為此策略適用於各種科目，而在使用時，部分學生可以投入地進行活動，但部分學生則會爭吵、起衝突。教師在實施此策略時，最多教師有的困難則是特殊生能力較差，教師必須不斷提醒他們完成任務，又必須管理班級秩序，感到吃力。

二、思考—配對—分享（think-pair-share）

（一）步驟

　　1. 想：學生獨立思考。

　　2. 討論：學生將自己的想法與同伴討論。

　　3. 問：老師要求每組提出意見。

　　4. 講解：老師提供資訊給學生。

　　5. 討論：學生再討論。

　　6. 表達：學生決定自己的答案並提出。

（二）效果

　　1. 透過課堂討論，可以促進學生口語能力。

　　2. 學生有機會傾聽其他同學的意見。

　　3. 促進學科上的技巧，包括事實的回憶、聽、應用、說、高層次的思考。

（三）例子：參考資料的整理及分類

　　1. 先讓學生思考 30 秒如何依據主題分類。

　　2. 將第一步驟腦力激盪的結果寫在一張表上。

　　3. 與同組的夥伴討論自己的想法。

　　4. 教師在討論完後要求每一組提出一種分類方式。

5. 教師提供一張包含 12 個分類的講義給每個學生，並給 30 秒時間獨自思考如何將東西分類至此 12 項下。

6. 再與同組夥伴一起討論。

7. 教師要求每組確認自己的分類結果。

(四) 優點

1. 可促進學生高層次思考的能力。

2. 與同組夥伴有較多的機會互動。

3. 使每一個學生有機會可以在小組中貢獻自己一部分的力量。

(五) 缺點

1. 活動過程較為單調。

2. 使用範圍不廣。

3. 小組人數只有兩人，不易接受多樣的資訊。

(六) 結果

此一策略中教師最少使用的為步驟 2 討論，其餘步驟使用的頻率差不多。此策略實施的結果，大多數教師認為學生反應熱烈，並且樂於討論，但亦有教師認為實施此策略的困難在於特殊生很少參與，通常為幾個較有能力的學生發表，特殊生亦被排除在討論之外。

三、編號並集思廣益（numbered heads together）

(一) 步驟

1. 複習：老師口頭複習。

2. 分組：並將每個學生編號。

3. 講解：老師呈現教材。

4. 討論：學生討論，並確定每個成員都會。

5. 問：老師抽號碼點學生上台報告。

(二) 效果

1. 可鼓勵學生複習之前習得的材料，並準備學習新的知識。

2. 在此活動中，學生先在較小的組中和夥伴討論，綜合出一致的意見後，然後再在較大的團體中分享小組的意見。

3.增加聚斂性的思考、傾聽、回憶，並可確認自己了解的程度。

（三）活動步驟

1.老師在課堂上做一口頭的複習。

2.四人一組，每個人編號 1～4。

3.老師在投影機上顯示一小段會話，並大聲唸出來。

4.每組花一分鐘翻譯會話，並確定每個成員都會讀。

5.時間到，停止討論。

6.老師叫號碼（1～4），被叫到號碼的學生要口頭將會話唸出來。

7.重複 3 到 6 的活動步驟，直到全文翻譯完。

（四）優點

1.適合成員差異性較大的小組。

2.所有成員皆可達到相同的學習目標。

3.每個成員須負擔自己及其他組員的學習成果。

4.增加聚斂性的思考。

5.適用於各種科目的學習。

（五）缺點

1.小組中較有能力的組員的意見，可能會蓋過其他組員的意見。

2.小組成員若有能力較差的，其相同的目標可能不適用，教師須調整評量方式。

（六）結果

五個步驟的使用頻率接近，表示每個步驟老師都能使用到，最多教師認為此策略適合使用在國語、社會。此策略在教師實施後的反應中，負向的結果約占一半，負向反應大多為反應平淡、學生不專注。教師遇到的困難，為沒有發表的學生秩序管理不易，及教學時間太短，不能確定每個學生都能學會。

（七）調整方式

1.請編號被叫到的學生全部都用非口頭的方式報告，可以用手語或手勢，或是以表演的方式回答問題。

2.請兩個學生一起報告（「我想請每一組的 2 號和 4 號一起報告」）。

3.請學生把整組的答案統整成一個或一個以上寫在紙上，然後讓被叫到編號的學生代表報告或交給老師。

四、兩人一組，互相討論（pair check）

（一）步驟

1. 講解：老師講解。
2. 分組：學生兩人一組。
3. 預習：老師發學習單給學生預習。
4. 進行：小組一同完成學習單。
5. 討論：完成後小組與其他小組討論答案。
6. 訂正：老師公布解答，學生訂正答案。

（二）效果

1. 可以在各種領域中實踐以往所學的技能。
2. 在此活動中，學生可以與夥伴討論出解決問題的方法。
3. 可促進學生互助、稱讚彼此、用語言表達認知行為。

（三）活動步驟

1. 教師提供一小段關於討論主題的講解。
2. 學生兩兩配對分組，教師發學習單給每個學生，學生有 30 秒的時間閱讀這張單子。
3. 學生與自己的夥伴一起完成學習單。
4. 完成學習單後，兩人小組可以轉向與其他小組討論自己的結果，並檢查自己的答案。
5. 教師公布正確解答，學生可以比較自己與老師的答案。

（四）優點

1. 適合使用在學習知識性的學科上。
2. 小組的範圍可以不停擴大，增加社會互動的機會。
3. 小組成員少，因此每位成員對於小組的貢獻皆很大。

（五）缺點

1. 評量不易。
2. 較為耗費時間。

（六）結果

使用最少的是為步驟 3 預習，最多的是步驟 2 和 4 的分組、進行，教師普遍認為適用於國語科上。教師對此策略雖也有負向的反應，但相較於「編號並集思廣益」，教師對此策略的反應較佳，認為此策略可以兼顧特殊生，及學生訂正答案時會比較仔細。教師實施的困難大多是因為普通生需協助特殊生，所以有教師認為可以將兩人一組改為三人一組，其中一人為特殊生，如此可以分擔普通生照顧特殊生的責任，也配合班級普通生與特殊生的比例。

五、核心朋友（focus friends）

（一）步驟

1. 想：在放影片前先發一張有導讀題目的單子，給學生思考。
2. 討論：小組討論導讀單上的題目。
3. 進行：看影片。
4. 討論：小組討論，並針對題目寫下答案。
5. 討論：老師帶領討論。

（二）效果

1. 透過教師演說、影片欣賞、指定閱讀以及經由摘要電視頻道的資訊增進對資訊的注意力。
2. 此活動可以集中學生的注意力到聽、說、摘要及高層次思考。
3. 活動提供機會與同儕討論他們所得的資訊，然後摘要這些資訊並書寫下來。

（三）活動步驟

1. 放與主題相關的影片給學生看，教師在之前發給學生一張上面列有導讀題目的單子，方便學生一邊看影片一邊思考。
2. 看影片前，三人一組三分鐘討論單子上的問題。
3. 每個人獨自思考單子上的問題，但先不寫下來。
4. 學生回到自己的小組，一起討論答案，並寫下來。
5. 時間到，老師帶領討論。

(四)優點

　　1. 教學材料多樣化，易維持學生注意力及興趣。

　　2. 獨立思考與團體腦力激盪並重。

(五)缺點

　　無法確定小組成員是否皆有相同程度的參與。

(六)結果

　　五個步驟使用的頻率相同，教師平均認為適用於國語、社會、生活、數學各科，自然則較少提及。教師對此策略的效果持正面看法，普遍認為學生參與較為熱烈，也會參與討論。教師覺得實施此策略的困難較少，唯特殊生對於需要深入感受的影片較難參與討論。

六、團體寫作（group writing）

(一)步驟

　　1. 討論：老師帶領學生討論與主題相關的知識。

　　2. 寫：學生寫自己的想法。

　　3. 分派：教師分派成員工作，包括記錄者、校對者等。

　　4. 進行：小組完成文章。

　　5. 發表：學生分享文章，讓其他同學提意見修改文章。

　　6. 訂正：小組進行文章修改與校正。

　　7. 完成：所有成員簽名以示同意文章完成。

(二)效果

　　1. 促進創造性及說明性的寫作。

　　2. 促進批判性思考。

　　3. 學生可以由同儕的經驗及知識中獲益。

　　4. 可訓練寫作、口語能力以及學會尊敬別人的貢獻。

(三)活動步驟：

　　1. 老師帶領學生討論與主題相關的知識，並且指導他們討論相關的文獻與資料。

　　2. 發給每位同學上面寫有一些問題的講義，給他們五分鐘的時間思考問題，

　此時學生可以寫下任何與此主題有關的想法。

3. 教師分派每組成員工作，包括記錄者、校對者、研究者、內容編輯、語法。

4. 小組中所有人分享剛剛自己的想法，但直到所有人分享結束前，都不要進行評論。

5. 小組採用上述的分工將所有的想法結合成一篇有意義的文章。

6. 時間到時，每組的編輯大聲唸出自己小組的文章，並有 30 秒的時間讓其他同學提出改進的意見，重複第 4 到 5 的活動步驟，直到老師結束此一活動。

7. 文章完成後開始進行校正，校正者仔細閱讀文章，研究者確認每個重點是否需要再進行澄清，編輯和記錄者協助他們。

8. 所有小組成員皆同意之後，文章才算完成，每個人簽名。

（四）優點

1. 小組成員分工仔細，可培養學生對自己的工作負責。

2. 鼓勵擴散性思考，培養學生創造力。

3. 有成品產生，可增加學生學習的成就感。

4. 評量較為方便。

（五）結果

　　教師最常實施的步驟為步驟 1 討論，而最少的是步驟 7 簽名完成，其餘步驟都有使用，可見教師可以依據各個步驟實施此一策略，唯有在結束的時候，較少會用所有成員簽名的方式完成作品。所有教師皆認為此策略適用在國語（語文）科目上，本策略使用的效果可以引起學生的興趣，促進合作，每個人有自己的責任，所以可以培養他們對自己的工作負責。教師對此策略大多採正向的態度，較少有負向的反應，教師所遇到的困難為特殊生難以參與、寫作能力差，但是可以讓特殊生擔任較為簡單的工作，亦可以參與團體寫作。

七、讀與說（read and tell）

（一）步驟

　　1.預習：老師幫學生預習閱讀材料。

　　2.讀：學生自行閱讀。

　　3.分組：學生分小組，並分配工作。

　　4.發表：小組成員輪流發表感想，並輪流做記錄。

　　5.討論：老師帶領討論。

（二）效果

　　1.有效地促進學生由書籍中學習資訊。

　　2.學生可藉由此活動練習摘要、理解、回憶及傾聽。

（三）活動步驟

　　1.老師先對於學習的材料提供口頭上的概覽，並要求學生在閱讀的時候需要用筆記下閱讀材料的重點。

　　2.學生自行閱讀。

　　3.學生分組，並分配工作，一個做記錄者，另一個做回想。

　　4.學生思考閱讀材料的特色介紹，一人確認其特徵，其他人記錄下他的想法，此角色會輪流交換。

　　5.時間到。

　　6.教師討論學生提出的特色，學生可以在討論期間修改自己的資料。

（四）優點

　　可引導學生深入閱讀文章，使學生習得閱讀技巧。

（五）缺點

　　1.學生需要有基本的閱讀能力才能參與。

　　2.小組成員間的互動與討論時間不多。

　　3.活動過程較為單調。

（六）結果

　　使用頻率最高的是步驟2和5（讀、討論），最少的是步驟3分組。教師認為較適用於國語及社會，學生對於此策略的反應正向多於負向，教師認為讀

與說策略可以激發學生熱烈討論，及讓學生認真閱讀，但也有教師認為班級中可以參與討論的學生是少數，特殊生不易參與討論。教師在實施此策略時，最大的困難還是在於特殊生閱讀與寫作能力差，無法把自己感想記錄下來，但在活動進行中不願意合作的情況在此策略中則較少發生。

八、玻璃魚缸式的小組合作（fishbowl small group collaboration）

（一）步驟

　　1. 講解：老師定討論題目。

　　2. 分組：學生依據自己的意見分組。

　　3. 討論：每個小組進行討論。

　　4. 發表：每個小組派代表陳述意見。

　　5. 記錄：全班同學聽取所有陳述並做筆記。

　　6. 寫：小組統整大家意見完成小組報告。

（二）效果

　　1. 可促進學生批判性思考。

　　2. 可促進學生自發性的對話。

　　3. 可發展學生統整資訊的能力。

（三）活動步驟

　　1. 老師訂定一問題作為討論的主題（例如濕地應保護還是開發？）。

　　2. 學生依據對此主題的看法分組，看法相似的分為一組。

　　3. 每小組討論可以支持自己想法的理由及證據。

　　4. 每組派出一個代表到教室中間。

　　5. 每組代表輪流陳述自己小組的意見。

　　6. 全班一同聽取每個代表的意見，並做筆記。

　　7. 意見全部陳述完後，組員回到小組，共同寫出一份對於此主題的報告。

　　8. 此份報告也可以由每個人分開撰寫，作為個人成績。

（四）結果

　　教師最常使用的是步驟 3 討論，較少使用到的是步驟 5 和 6 的記錄、寫。教師平均地認為國語、自然、社會、生活、健康適用於此策略，但以國語和社

會各有三位教師提出為最多。使用過的教師，普遍認為此策略學生反應佳，可以促成學生熱烈的討論，亦有教師提出不了解此策略實施的方式為何，所以未作答，可見實施此策略尚有一個困難點，就是不易了解此策略之意涵與方法，所以不易實施。

九、過關遊戲（collaboration through learning stations）

（一）步驟

1. 設站：各站的設計需符合四項原則：可選擇的、多樣性、可以讓學生操作、可以產生互動。
2. 分組：需考慮班級大小來設計站數，一般以 4 人一組為最佳，例如一班 24 人，則可以設 6 個站左右。

（二）例子：英文課

1. 站一：每個學生從老師提供的故事內容中選出一個語詞，看著自己選出的語詞，寫出這個語詞的定義、造句，並將自己寫的定義及句子與同伴分享，和同伴比較彼此的答案。等所有學生結束過關活動後，再將這些分享給所有同學。
2. 站二：每個學生寫下自己對故事結尾的預測，小組列出一張每個組員的預測的表，同一小組的學生比較每個人寫下的預測，並由小組選出一個看起來比較合理的結尾。
3. 站三：提供一些問題給學生去探索，每個人創作一張圖畫說明故事中遇到的問題。學生保留自己創作的圖畫，以便待會兒與其他人討論、分享。
4. 站四：學生可以將故事改編成一小段的劇本，小組所有成員都分配一個角色來扮演這個故事的情節。

（三）結果

過關遊戲中使用頻率最高的是步驟 1 設站，老師依據人數規劃站的數量，得分最少的是步驟 2 分組，可見教師在實施過關遊戲時，較少讓學生自己選擇從哪一關開始，而是由教師分配。許多教師認為此策略可以用在評量上，亦有教師認為此策略適用於數學、自然科，有約一半的教師認為此策略適用於所有的科目。教師普遍認為此策略可以讓學生感興趣，增加學生參與評量的

動機。

十、探索學習（inquiry learning: the learning cycle）

（一）注意事項

本活動是一系列的合作活動，最後小組會完成一個成品，這項活動可以鼓勵學生建構先前的知識與經驗，並結合教師所教的新知識去解決問題。

（二）基本的特色

探索學習有以下四個基本的特色：

1. 這是一項複雜的學習。

2. 這個活動與解決問題有關。

3. 不需要給正確解答。

4. 是一個有彈性的活動。

（三）老師的做法步驟

在實施探索學習時，老師要做到以下幾點：

1. 問題：創造情境或是選擇給學生解決的問題。

2. 分組：選擇小組的成員。

3. 想：鼓勵學生做假設。

4. 發表：強調一個問題可能有很多種解決方式，而且這些解決方法都可能有其優點，發表解決問題的方法。

5. 講解：當學生在實驗他們的假設時，老師應該作為他們新資訊的來源與嚮導。

6. 應用：創造一個活動，讓學生可以應用他們已經習得的知識提高學習的效果。

（四）探索學習的四階段

1. 階段一：探索

老師假設一個情境或問題讓學生去解決，學生利用先前的知識去建立一個關於這個問題的假設。例如老師提供學生一些有錯誤句子的文章。學生可以是一個人、兩人一組或是小組方式來回答以下的問題：仔細閱讀完每個句子之後，問自己這個敘述是否合邏輯，並解釋為什麼自己這樣覺得。

另一個例子為老師要求學生用英語寫出，由學校前面停車場到火車站最快速的路線。提出問題：有一個人在學校外面攔住你，他問你從這裡該怎麼走到火車站，利用你自己的英語基礎，寫下你會給他的指引。

2. 階段二：創造

學生與全班同學分享他們的假設，老師利用一個簡短的演講提出一些新的概念來增加學生的了解。例如帶領學生討論階段 1 的句子，學生提出自己對這些句子的意見，他們可以為自己的看法做辯護，以及提出可替換的字。接著，老師進行一個短的演講，為學生解釋句子中出現的四種錯誤類型。

另一個例子為學生跟全班分享他們寫出來的指引敘述，老師選出幾篇敘述貼在黑板上。老師帶領學生利用指南針來指引方向，問學生覺得有哪些字會是他們在指引方向時需要用到的，例如東、南、西、北、左、右、高速公路、路標等。

3. 階段三：應用

學生將他們獲得的新資訊加入先前的知識中，去解決問題或是根據先前的探索與討論創造一個計畫。例如學生分析「一隻腳的鶴」這篇文章的錯誤，並將他們認為故事中的錯誤寫成一份報告。

另一個例子為老師提供一些卡片給學生，每一張卡片上有不同的目的地，但都在學校內，學生要寫出如何到目的地的指引，但是不能透露目的地是什麼，寫完之後將每個學生所寫的指引交換，拿到別人寫的方向指引，便可依據此指引去找出目的地，然後告訴老師答案。如果答案正確，老師就可以拿那張目的地的圖卡給學生看。

4. 階段四：延伸

學生兩人一組，分別寫出這四種錯誤類型的例子，再把自己寫的例子與其他組交換。拿到新的例子，就進行分析這些例子是哪種錯誤的型式。

每個學生從八個例子中選取兩個，重新撰寫這個例子的句子，使句子符合邏輯。

(五)結果

此策略教師最少使用的為分組步驟，可見老師較少選擇小組成員，可能是按照學生自己的意願來分組。而想、發表、講解步驟的使用頻率則最高，綜合

所有老師的意見，此策略亦適用各種科目。教師對於此策略的使用反應佳，普遍認為使用此策略時學生反應熱烈且很喜歡發表，並沒有教師提到學生有負向的反應。

教師帶領探索學習需要準備相當多的資料，才能夠引導學生學習及澄清觀念，這對平常工作繁忙的教師是一項負擔。除此之外，探索學習的實施也不容易，教師需要不斷地協助小組中的特殊生參與，是一個實施不易、但效果卓著的策略。

在融合環境中，學生能力差異大，因此以上所述 10 種合作學習的方式並非全部適用，如、「聯合聲明」、「讀與說」。而某些活動雖可以在融合班實施，但亦需要教師做某些程度的調整，例如「兩人一組，互相討論」的小組活動中，能力高的同儕往往需帶領能力較低的同儕，兩人差距過大，因此可以改為三至四人一組，由兩個能力高的同儕帶領一至二個能力低的同儕進行討論，教師並且需將能力較低學生在小組中參與的程度與學習的結果列入評量。此外，團體中能力高的同儕常需花時間來帶領能力低的同儕參與，因此教師宜給予小組較多的時間進行互動，教學方式也應該更為活潑，以維持特殊生的注意力及興趣。教師的指導語應明確，以免學生不知道自己該做什麼事情。因此，以上 10 種合作學習活動中，較為適合融合班的為團體寫作、編號並集思廣益兩種。

第四節　如何組成合作小組

和其他傳統學習活動不同的是，合作小組同時提供了訓練學業及社會技巧（例如合作與輪流）的機會，當然小組間合作完成報告的正確性亦須列入評估。有鑑於合作學習的優點，教師應盡量改編現有的課程及教材，以提供合作學習的機會。

當普通生及特殊生放在同一組時，對普通生及特殊生設定的目標如下：

一、普通生

1. 能向同組成員解釋相關概念及不了解之處。
2. 能耐心聽同組成員分享並容忍彼此的差異。

3. 能組織蒐集到的材料。

4. 能容忍及協助處理問題行為。

5. 能獲致學業及批判思考能力。

6. 能感受到成就感。

7. 能協助同組成員完成工作。

二、特殊生

1. 能和同組之普通生互動。

2. 能顯現合宜的行為。

3. 能增進日常生活技巧。

4. 能練習溝通技巧。

5. 能參與問題解決。

6. 能組織材料。

7. 能參與討論。

8. 覺得是小組的一份子。

9. 能增進自我學習技巧。

10. 能尋求協助。

11. 能增進合作技巧。

在計畫合作學習小組活動時，須先考量課程的目標為何，再考量學生要如何分組、如何分配工作，及評估學生的進步。對融合班的學生而言，具有合作性質的作業或報告是最重要的。分組前要先了解學生的能力，不管分成幾組，每組的能力應該相當，若讓普通生全在一組，或是特殊生全在一組，就會造成組與組之間無法公平競賽，最好是每組都有普通生及特殊生，各組間能力相當，才能做組間的比賽。分組時，每組人數也不要太多，這樣每個人就可以分配到工作，分配工作時要依據每個人的能力來分工，例如當同組的特殊生不能寫字，但能摺紙及貼時就可以分配給他們摺及剪貼的工作，讓每個人都可對團體有貢獻，當小組中每個人都有參與及成就感，每個人才有依賴感，才能互相扶持，共同完成一項工作。合作小組不但可增進學生學業的學習，也能增進與人合作及溝通的能力。表6-2 為融合班進行主題報告合作小組時，小組之工作分配表。

表 6-2　主題報告小組工作分配表

主題：

工作內容	負責人	預定完成日期	執行結果
蒐集資料			
整理資料（大綱）			
寫報告			
輸入電腦			
封面封底設計			
製作插圖			
準備成果呈現（畫海報）			
擔任報告人			

　　至於如何組成合作小組，則可依據下列方法：

1. 提供學業及合作兩種目標。

2. 每組學生四至六人，人數及成員組成可隨教學科目不同調整。

3. 每組都要有特殊生。

4. 每位小組成員學習協助及支持。

5. 讓每個成員有事做。

6. 每個人分擔至少一種角色。

7. 每位成員都要貢獻點子及分享材料。

8. 建立評分標準。

第五節　合作學習之評估

　　為了評估合作小組之成效，可以在合作小組後請小組成員填寫合作小組評估表，以下是兩種合作學習評估表範例。

一、合作學習情形檢核表

表 6-3 是進行合作小組時，檢核小組成員合作學習的情形。

表 6-3　小組探究式合作學習情形之檢核表

	項目	表現優異	做得很好	做得不錯	可以更好	需要加強
1	我對小組分配的工作，都能完成。					
2	在小組活動中，我能接納別人的意見。					
3	我會主動和小組同學共同討論。					
4	我能接受小組所做的決定。					
5	我覺得小組中的每一個人都很重要。					
6	我願意和小組同學分享得到的成果。					
7	我會幫助小組其他同學，完成共同的工作。					
8	在討論活動中，我接受同學的建議。					
9	當我和小組有意見衝突時，我會嘗試妥協。					
10	我願意和小組成員共同完成其他的工作。					

二、合作學習評估表

使用開放式問題回答小組合作學習的情形及遭遇到的困難，如表 6-4。

表 6-4　合作學習評估表

組別：獨角仙組

合作學習評估表
1. 小組成員：4 人。
2. 小組工作：合作完成報告、合作完成學習單。
3. 在合作小組中，你覺得你的小組遭遇什麼問題： • 意見不合。 • 完成時間太短了；很多人生病；大家都有自己的意見；要把大家的時間集合起來很困難。 • 有人不幫忙，所以很慢完成報告。 • 組員不配合；惹組長生氣。 • 吵架；找不到資料；會一直不停地玩、說話；不專心。 • 不太會寫字；看不懂資料；有人不專心。 • 不知道哪些水果的籽可以吃；分不清楚竹子和甘蔗。 • 有人是害群之馬，不做主題報告。 • 放錯東西；做錯海報；剪錯東西。
4. 成員從合作小組中學到什麼知識？ • 知道獨角仙是什麼。 • 學會做海報。 • 學會畫獨角仙。 • 學到 100 種獨角仙。 • 獨角仙不是鍬形蟲。 • 獨角仙的天敵有好多。
5. 列出成員參與合作小組學到什麼？例如如何做報告、與人合作、如何分工？ • 互相幫忙，要用討論的方式才能解決問題。 • 學到如何做海報及統計表。 • 學到如何運用社會資源，和大家合作努力完成自己研究的部分。 • 學到全組研究的內容和如何完成一份報告。

第六節　合作學習課程範例

至於合作學習的課程應如何進行，可見下列範例：

一、例一：國小社會科合作小組活動計畫

1. 領域／科目：社會。
2. 主題：選舉。
3. 活動目標：
   (1) 能剪與「選舉」這個主題有關的圖片。
   (2) 能將剪下的圖片貼在剪貼簿。
   (3) 能看圖說故事。
   (4) 能製作成書，能將書裝訂。
   (5) 能訂主題名稱。
4. 分組方式：採異質性團體分組。
5. 分工：每組成員都需剪貼至少一張圖片，以完成指定的主題，貼好後一起編故事。
6. 通過標準：不論普通生或特殊生都要參與，並製作成一本剪貼簿。
7. 目標：增進社會技巧中的輪流及專注度，例如能參與或坐在位子多少時間。
8. 針對特殊生所做的調整：不會用剪刀的特殊生可以幫他剪，不會寫內容的特殊生可以幫他用蓋印的方式或別人寫好讓他貼上去。
9. 評量重點：社會技巧評量、個人部分作品、小組的作品、IEP 項目的評量及完成本活動達到的目標。

二、例二：國中社會科合作小組活動計畫

融合班七年級社會科合作小組活動計畫

主題	地理：彩繪台灣風情	教學時間	90 分鐘
單元	單元二：交通──天涯若比鄰	教學日期	3 月 14 日
教學者	A 老師	教材來源	南一版國中社會（第二冊）

教學步驟	學習活動	教學目標	時間	教學資源
全班授課	1. 老師利用「高屏大橋斷裂與修復後的景觀」圖片，問學生為什麼人們需要建造橋樑？橋樑斷裂會如何？ 2. 老師說明因為自然環境（如地形）不連續，使得人們之間往來受阻，而人類本身有彼此互相聯繫的需求，因此發展出各種交通型式。 3. 老師由交通的目的（彼此互相聯繫）要學生想一想交通包含哪些種類，引導學生回答交通分為運輸和通訊兩種方式。 4. 老師告訴學生交通在生活中無所不在，我們常見到的各種管線也是交通的一種。 5. 老師出示「捷運車站進出人數圖」問學生有沒有坐過捷運？從哪坐到哪？ 6. 老師說明「節點」與「連線」與「交通網路」的概念（交通要素之間關係的說明，由小組討論中學習）。	• 能了解交通是為了要讓人與人互相聯繫（普、特）。 • 能說出交通的類型包含運輸和通訊（普、特）。 • 能說出運輸包含陸海空等（普、特）。 • 能說出各交通類型間的差異（普）。 • 能了解通訊的意義（特）。 • 能了解各種管線也是交通（普、特）。 • 能說出構成交通的要素（普、特）。	35 分	課本、課文圖片 power point、電腦

融合班國一社會科合作小組活動計畫（續）

教學步驟	學習活動	教學目標	時間	教學資源
分組學習	1. 各小組進行角色分派。 2. 老師發下討論題綱與說明學習任務： (1) 運輸方式有水運、陸運、空運三種，它們的特性很不相同，想一想什麼情況下使用哪一種運輸方式最適合？為什麼？（提示：考慮金錢、速度、地形等等因素） (2) 看「捷運車站進出人數圖」，想一想為什麼有些站進出的人數多、有些人數少？影響的原因有哪些？ (3) 看「國內班機每週航線、時距、班次示意圖」，哪些節點的連線數量最多？為什麼？節點和連線有什麼關係存在？ (4) 為什麼台灣早期以港口為主的交通方式會逐漸沒落？ 3. 小組討論時，老師提醒小組成員傾聽、發言的禮貌，以及教導特殊生，以達到小組共同利益。	• 能了解不同運輸方式的特性（普）。 • 能說出影響節點規模的因素有哪些（普、特）。 • 能了解各交通要素間的關聯（普、特）。 • 能知道港口沒落的原因（特、普）。 • 能與小組進行討論（特）。 • 能教導與協助同組特殊生學習討論內容（普）。	20分	討論題綱
小組發表	1. 教師帶領討論，請各組推派代表發言，各組代表針對小組討論出來的結果做精簡的報告。 2. 每次發言的報告員應輪流，特殊生可由同組同學協助報告。	• 能上台報告小組討論的結果（特、普）。	5分	

融合班國一社會科合作小組活動計畫（續）

教學步驟	學習活動	教學目標	時間	教學資源
老師總結	老師針對學生討論出來的答案進行總結與補充。		10 分	
團體歷程	1. 小組共同填寫小組團體歷程表。 2. 觀察員填寫觀察表。		5 分	小組團體歷程表、合作學習觀察表
實施評量	1. 學生進行個別評量。 2. 特殊生可由教師口述題目進行評量。 3. 評量單「甲」為特殊生使用，評量單「乙」為普通生使用。	• 能獨立完成評量單（普、特）。	10 分	評量單
學習表揚	1. 老師進行學習總結。 2. 學生交互批改評量單。 3. 小組表揚。		5 分	

三、例三：國小自然科合作小組活動計畫

1. 主題：魚（自選）。
2. 領域：自然、藝術及寫作。
3. 分組方式：五至六人一組（其中兩名為特殊生）。
4. 型式：書面及口頭報告。
5. 目標：(1) 探討魚的特徵、種類與習性。
    (2) 共同完成一個書面報告。
    (3) 做口頭呈現。
6. 時間：利用彈性時間，每星期兩節，共四週。
7. 分工方式：組長一人、一人打字、一人負責美工。
    將魚類分成四種（如獅子魚、海豚、鯊魚、鯨），每人負責撰寫一種魚

類，調查其特徵及習性，組長再將每個人的部分做統整。

8. 評量：團體分數及個人分數（依據個人表現、書面報告及口頭報告）。

9. 合作技巧：參與、合作。

10. 針對特殊生所做的調整：不會畫的特殊生幫忙將報告用迴紋針夾起來。

四、國語科合作小組活動計畫

1. 教師帶學生唸課文。

2. 解釋文章的目的。

3. 複習之前教過的字彙。

4. 介紹新的字彙。

5. 討論文章內容：討論文章之情境、角色、問題及如何解決問題。分成小組討論及習作練習（採合作學習模式）。

6. 同儕閱讀：學生默讀課文，兩個一組互相糾正錯誤。

7. 課文理解：針對文章的文法、內容問問題，及未來的情節發展做討論。

8. 字詞練習：和同伴（二人或三人）練習課文中的生字及語詞、延伸及連結教到的字詞。

9. 字義：讓學生根據文章的意義寫出關鍵字、句。

10. 說故事大意：老師先問問題，引導學生用自己的話說出大意。

11. 寫作：讓學生根據文章內容寫下心得，並互相觀摩批改。

第七節　教師訪談

問：自然科合作學習的方式？

答：一個活動裡面，教師要設計成是一組一組的活動，這樣的方式讓能力好的學生可以帶其他的學生，有機會讓學生用分組的方式去討論。其實最重要的是，當教師對一個學生的狀況愈能掌握，平常就會花很多時間去經營合作學習，因為一方面讓學生自己去學，另外一方面可以從這個時候觀察一個學生的個性，以及他目前的學習情況。如果只是一直教的話，就沒有時間觀察學生目前到底學到哪裡，所以教師會多給一點時間讓學生討論還有分享，如此

會互相激盪很多，因為那時候同樣的一個東西這個學生講過了，學生講得愈圓滿，老師就不用解決很多，只要提出幾個點和問題讓學生們可以去觸類旁通。所以教師在設計課程的時候，較多是用這個活動，讓學生討論及讓他們去做。作業方面，教師也配合在課堂上比較多讓他們去討論，或是可以變成教師跟學生討論，而在作業單上也是互相討論，學生寫的這樣東西，教師可以問他為什麼這樣寫？有沒有更好的想法及問題？或者課堂上教師問一個問題，學生回家就針對這個問題去提出解決方法或看法。這樣比較知道學生目前的狀況是什麼，課程就比較容易調整。

問：國語課如何分組學習？

答：分組競賽的方式，普通生基本上都會照顧特殊生，牽著他的手去操作或是寫。教師也會降低標準，例如只要特殊生有參與，那一組就可以加一分，讓普通生也會更積極去參與，然後帶動特殊生，特殊生當然也可以跟著學習，會用合作式的學習，還有同儕的協助，分小組，幾乎都會用到。還有一種比較好的方法就是同一張學習單裡包含普通生、特殊生要完成的內容，同時呈現在同一張紙上，能做到的學生就去做，因為是合作式的學習，所以學生要彼此討論，討論的問題裡有的是普通生或是有普通生要去協助特殊生的。

問：常用合作式學習的原因？

答：合作式的學習讓學生之間能夠彼此討論和發表。最常用到的就是課程的合作學習單，教師想要什麼活動就會設計一張合作學習單讓學生做。

問：教師如何讓普通生引導特殊生？

答：有很多的東西大概都已經在合作式學習裡了，就是一定要跟他合作，否則你這個東西是出不來的，就是說你必須討論。就是你在設計你是問題、設計你的學習單的時候，你就要設計他們一定要討論才會寫得出來的，如果他自己寫出來，他自己也可以在那裡自己寫，可是他會寫得很慢，因為他不能幫特殊生做特殊生的那一部分。教師會進入每一小組裡面，且說明清楚每一組可能要幫特殊生完成的事情。事先也會在台上特別說明學習單發下去後要怎麼討論，哪一部分是誰要來做的，哪一部分是誰跟誰要一起做的，說明完之後，若學生還是不知道從何開始布題，教師就會示範。

第 **7** 章
角落教學

　　角落課是融合班的特色，角落課最大的好處是能提供學生選擇及自主學習，老師扮演引導者的角色。以閱讀角為例，老師可以事先準備閱讀的材料，例如報紙、書籍、剪刀、圖畫紙、畫筆、閱讀單等，讓學生自由選擇閱讀的內容，如果學生選擇看報紙，可以讓他剪貼喜歡的部分，也可閱讀主題書籍或是畫下書中的圖片，教師也可準備電腦讓學生看電子書。

第一節　角落的設置

　　角落乃跨年級及按學習內容而設，做法為將同一性質或領域的學習內容放在同一角落或學習區，學生藉著在角落中工作可完成正規課程所不足之處。例如在科學角可以放入各種動植物圖片供學生觀察及了解其異同，雖然名之為科學角，但每個角落安排的活動可以是跨領域、跨年級的，例如在高年級科學角除了安排五年級及六年級自然科活動外，還可納入數學和語文等領域的活動。這些角落安排的活動及強調的能力如下：

　　數學角：培養邏輯思考能力。

　　語文角：安排語文活動，增進語文能力。

　　科學角：培養觀察及思考能力。

社會角：培養社會人文精神。

閱讀角：閱讀和單元主題相關的圖書。

目前在竹大附小融合班六個年級的教室裡，每班至少有一個角落，有些角落每個班都有，有些則只設置在某個班級，各班角落設置情形如表 7-1。

表 7-1　各班角落設置情形

角落名稱	（四年級）玩具角、棋藝角、數學角 （五年級）科學角、圖書角、遊戲角、美勞角 （六年級）圖書角 （二年級）圖書角 （三年級）鄉土角
教具放在教具櫃	二年級、四年級、五年級
上課才搬出來	二年級、五年級
教學有安排活動及進度	二年級、五年級
隨機安排	
角落牌置放在聯絡簿內	一至六年級皆無置放在聯絡簿內

第二節　角落設立須知

1. 教室周圍可以有角落（或學習區）的設立。

2. 角落名稱要標示出來（例如知動角、數學角、閱讀角、美勞角、科學角及語文角）。

3. 教室中有一角落學習計畫板（self-scheduling board），用來記錄學生在學習角落活動的情形。角落學習計畫板是一個大的板或是布告欄，在角落學習計畫板上會有一個時鐘，老師撥上學習角落開放的時間。每個學習區有固定的格數，可讓學生插放角落牌（每個學生有一角落牌），當學生決定到某個學習區工作時，必須把自己的名牌插入屬於這個學習區的格子內。至於每個學習區格子的數目，可視課程而定，假如某個學習區的格子已插

　　滿名牌，學生必須另做選擇，在完成學習區的活動並且經過老師簽名後，學生可以轉到其他的學習區。由此可見，角落學習計畫可以讓學生養成自我選擇、自我決定以及養成對材料負責的習慣。

4. 角落應有工作的地方及展示的地方，如布告欄。

5. 角落可以有一些按順序排放的作業單，同一類型的放在一起。

6. 角落的教具必須固定在教室，不是上課時才搬來，小組或其他教學教過的東西可放入角落，讓學生繼續學習。例如可以在語文角中放置主題相關的書及學習單；數學角中可以擺天平，用以測量哪個東西較重。角落中的物品應盡量標上名稱。

7. 每個角落準備的活動及材料應足夠學生做選擇。

8. 每個角落可依其性質準備符合角落目標的教材，最好預先做好教材分析及教具分析，並將教材編號。

9. 每個角落目標，例如加法，應安排至少一項活動。

10. 設計的活動應列出玩法及問題，用詞必須是學生能理解的。

11. 角落學習的情形應由教師評量。

12. 教師須幫助學生計畫如何在角落中工作，並增進計畫的能力。

13. 訂立角落規則。

14. 在角落開始時，負責每個角落的老師應解釋及示範在角落所安排的活動。

15. 選好角落後，先在聯絡簿的角落課程記錄表上做選擇，看看學生選的及寫的是否一致，角落課程記錄表格式如表 7-2。

表 7-2　角落課程記錄表

日期 ＼ 項目	語文	閱讀	數學	科學	知動	鄉土	電腦	其他	內容	反應 ☺	○	老師的話 聯絡事項
月　日												
月　日												
月　日												

16. 要記錄學生參與角落學習的情形，例如電腦角必須記錄使用的軟體；閱讀角必須記錄所看的書及所聽的錄音帶，聽完後還要填寫閱讀的學習單。角

落學習記錄表如表 7-3。

表 7-3　角落學習記錄表

語文角學習記錄表				
星期 項目	一	二	三	四
教具			故事書（巨人的花園）。 顏色接龍卡。 故事拼圖。 中文拼字遊戲。	
活動			1. 聽故事（巨人的花園）。 2. 故事內容著色。 3. 請學生拼 20 個字詞，做到就給獎勵卡。 4. 兩個學生在玩故事拼圖，拼出兩個主角，扮演「上學了」及「放學了」。	
作業單				
學生反應			1. 小明很專心且很認真地聽故事。 2. 兩個小女生玩拼字也很認真，遊戲雖然簡單，但也玩得很起勁，老師不時在旁指導，並給予獎勵。 3. 另兩位小朋友在玩角色扮演遊戲，利用故事拼圖代表自己的角色，從遊戲對話中也增進其不少語言能力。	

17. 角落教學時間一星期兩次，下課時間亦可開放角落。

18. 每位學生有一份學習卡，上面有課程目標，透過角落，老師評估學生是否達到課程目標。

19. 每個學生可參與不同的學習單元。

20. 學生在學習中遇到困難時，能有一溝通、求救的訊號，例如舉起求救的牌。

21. 學生在角落完成指定工作時，可換到不同的角落。

22. 角落結束時，須把教具、教材歸回原位，並作為評估角落學習通過的記錄。

23. 角落學習單如未完成，可延到下一次或帶回家完成。

24. 概念的學習，例如加法，盡量安排具體的方式來學習（例如透過教具的操作）。

25. 角落可以和站或闖關結合。將學生學習的內容分成數關，讓學生學習也是一個很好的方式，各站的設計需符合五項原則：可選擇的、多樣性、可以讓學生操作、可以產生互動及需考慮班級大小來設計站數。一般以 4 人一組為最佳，例如一組 15 人，則可以設 4 個站左右。例如五、六年級角落設計 4 個與台灣地理有關的站或中心，特殊生也可參與。

第三節　實施自我管理系統

　　自我管理（self-management）系統對大多數學生而言都是陌生的，因而它的實施必須是漸進的，自我管理的目標通常是漸進的、因人而異。先從簡單的技巧（層次 A 和 B）開始學習及選擇，例如讓學生決定同一學科的兩樣工作完成的順序（A 和 B 孰先），完成 A 和 B 之後才能做層次 C（例如決定兩種以上老師規定的作業及自己選擇的作業次序並完成它），到了層次 D，學生必須在半天內決定完成所有學科指定及自己選擇的作業順序並完成它，層次 E 時間增為一天，層次 F 時間增為一星期五天。當學生能達到層次 F 時，老師就可為學生安排一整個星期的活動。由於學生本身自我管理技巧不一，達成的目標亦不同，例如大多數低年級的學生都無法超越層次 D，只有少數能達到層次 E 及 F，隨著學生的自我管理的能力不同，要求也不同，在教室中有些學生只要求做到層次 B 的工作，有些則要求到層次 C，有些學生則需用角色扮演的方式，一個層次一個層次地教。

　　依據上述自我管理系統，在學年開始時，老師可以指定學生到某一個學習區做某些活動，並且給予時間限制，然後再慢慢示範如何使用每個學習區的材料及每個學習區內的活動，最後學生再根據課程表上所列的目標，找到可以在學習區內完成的活動。當學生已經能自我選擇角落及在角落學習，並能在監督下完成活動時，老師就可以實施更進一步的自我管理計畫，例如老師可以設定 40 分鐘的

時間，學生必須決定在這段時內先完成兩項指定作業的哪一項，同樣地，老師也給予學生 40 分鐘去完成自我選擇的活動，選擇到兩個學習區去完成一些活動，並藉此觀察學生是否能做到：

1. 正確使用角落計畫表。
2. 選擇學習區。
3. 取得每一項作業的材料。
4. 從事活動。
5. 知道如何尋求老師的幫助，及在活動完成時請老師檢查和簽名。
6. 在預定時間內完成活動。

當學生能達到以上的要求時，老師會把工作的時間延長，以便要求學生達成更多的工作項目。

由於這樣的自我管理系統可以養成學生能對自己的行為有控制的能力，因此缺乏動機及紀律的問題較少發生。事實上，這個課程模式本身就可培養學生自律的能力，加上每個學生的角落學習都是配合學生的能力及需要而設置，無形中減少學生失敗的機會，也降低了分心及破壞等行為發生的機率，不同角落老師的合作亦增進了老師解決問題的能力，而強調學生的自我管理，亦可讓學生學習為自己行為負責，而不是老師經由管教來控制學生的行為。

第四節　角落計畫

在學期開始時，教師應將整學期的角落計畫列出，且如果列出目標，將使角落教學更名副其實，如表 7-4。

表 7-4　融合班角落規劃表

融合班角落規劃表				
角落名稱	活動安排	教具名稱	普通生目標	特殊生目標

以下為語文角課程安排範例，學生可以自由選自己想進行的活動。

(一) 活動安排

綜合語文角安排的活動，發現進行的活動計有下列幾種：

1. 釣魚遊戲（找部首認識字體）：先拿一張牌，照上面指示找有「○」的字，再拿釣竿釣相關的字，釣完後將釣到的字寫在角落學習單，可編成「一頁字典」。

2. 蓋印章（認識基本字體）：拿自己想學的基本字的單字或詞語（有圖及字），再從印章盒中找出相同的字體蓋在單字格中。

3. 蓋城堡：將積木堆成城堡並玩扮家家酒的遊戲，可從遊戲中練習對話，並激發學生的想像力。

4. 誰是誰：將字與圖分類，從字卡中的敘述找出圖（例如找出拿黃色雨傘在釣魚的小熊）。

5. 國字演進卡（了解字的由來）：可仿寫並問問別人：「這是什麼字？」

6. 拼字遊戲（上下字體，例如「忘」；左右字體，例如「飽」）：將上下字體或左右字體拼成一個字，可認識字體及部首。

7. 造詞遊戲、文字接龍遊戲：將字合成一詞或做語詞接龍，例如天地→地上→上下。

8. 閱讀和主題相關的書報雜誌：如故事書、古蹟之旅、唐詩、三字經、繞口令、兒歌猜謎、兒童日報、小牛頓……或和主題相關的書。

9. 剪報：剪貼報紙上的圖片或文章，並說一說或寫下心得。

10. 剪貼主題並寫心得：例如剪貼出交通工具，並寫出自己剪貼出的內容，不會寫的小朋友可用說的，旁人替他寫下。

11. 聯想遊戲（配對遊戲）：將散亂的東西按概念收拾好，例如「拖鞋」應放進鞋櫃、「衣服」應掛在「衣架」……。

12. 故事列車：參加者依人物、時間、地點、特質（點）各寫一張放入四個車廂中，每個人各抽一張後編一個故事。

13. 識字造句卡：看圖識字、詞。

14. 看圖說話：先將圖排好順序，然後說出內容。

15. 電腦：基本筆畫、相反詞、量詞等練習。

16. 拼圖（大拼圖、小拼圖、立體拼圖）：拼好後說出圖的內容。

17. 聽故事錄音帶：有故事圖及故事心得單提供給小朋友著色、寫，或回答問題。

18. 踩腳印遊戲：將教過的字或詞放在教具插袋中玩踩腳印遊戲，增加熟練度、反應及記憶能力。

19. 編輯主題剪報：主題自訂，可獨自完成或自找組員合作完成，報紙由同學共同蒐集或老師提供。

20. 製作小書：自由創作或聽或讀故事後創作。

21. 四格漫畫：自由創作或聽或讀故事後創作。

22. 挑戰繞口令：由老師製作繞口令大字報。

23. 其他。

> 說明：第 1 ～ 3 項約以兩週完成一主題（單元）為原則。然學生必須連續兩週選語文角。第 6 項安排難度較高，且需安靜專注從事之活動為原則（例如創作童詩）。

（二）獎勵辦法

1. 每次上課均能表現良好行為及態度，蓋「專注獎勵章」。
2. 作品完成，老師視作品情形，蓋「作品獎勵章」。
3. 期中及期末各結算一次，再給予獎品獎勵。

（三）成果呈現

將學生完成的作品布置於語文角，期末或學校有大型活動時，請學生自製邀請卡邀請家長到校參觀。

負責語文角之教師可視課程內容安排不同的活動及學習單，在進行角落活動前，要重申角落規則，例如：(1) 選自己想去的角落；(2) 選好想進行的活動；(3) 寫角落活動名稱於聯絡簿中的角落欄；(4) 按指示拿教具按活動內容進行；(5) 快樂地玩；(6) 角落結束將教具收拾好歸回原位。

一、角落計畫

(一) 角落計畫表

角落計畫表可以與學生反應合併,如下表:

對象:國小一年級　　　　　日期:12/22

角落名稱:語文角

一、活動名稱:快樂剪貼畫活動。

二、主題名稱:我最喜歡的遊戲(國語科)。

三、目的:培養學生的觀察力及激發學生的想像力。

四、教具／教材:

　　1.教具:廣告用紙、白紙(銅版紙)。

　　2.教材:廣告銅版紙上的廣告作為貼、剪、圖的背景,以小朋友最熟悉的交通
　　　　工具來製作。

五、活動程序:

　　1.讓學生發表自己最喜歡的遊戲是什麼。

　　2.讓學生從實物圖片或平日生活印象當中剪出外形。

　　3.將外形貼上,再以彩色筆做部分裝飾或背景的描繪。

　　4.觀察學生在製作過程的反應以及與同儕之間互動的情況。

　　5.在剪貼完成後,寫上內容、大意。

六、教學目標:

　　1.從廣告銅版紙上的內容選擇可以利用的相關圖片(特)。

　　2.能說出自己最喜歡的遊戲。

　　3.能剪出遊戲,並貼上(特)。

　　4.能在圖上做裝飾。

　　5.發表自己的想法,並寫出來。

　　6.能與同儕合作。

學生反應:

　　老師將此活動進行方式告訴學生,請學生憑想像剪出遊戲的輪廓貼上去,再畫
上背景。老師詢問A生會不會做(並再告訴她一次怎麼做),她說沒有剪刀,老師
代她向B生借(不借)、C生(不借)、D生(不借)、E生(不借)、F生(沒
帶)、G生說(我要用)、H生(正在使用),最後老師要A生自己向I生借借
看,結果I生借她。

(接下頁)

（續）

> 　　A 生在廣告紙上剪下一條條的紙條後向老師借膠水，並將其剪下的東西貼上。其他小朋友（除 B 生、C 生外）都做得不錯，其中，以 B 生最先照老師敘述的方法做，老師將其作品介紹給大家，大家才陸陸續續剪紙貼上。C 生喜歡剪紙的四邊，老師告訴她剪下圖案貼在紙上，她說不要，為了引起她注意，請她將紙撐開往外看看，從紙縫看出，她笑了，老師問可以看到東西嗎？她點點頭，老師將手指放在紙縫中舞起手指，她也學著，老師說她好像在演布袋戲，也趁機告訴她，下次不可以再將紙剪成這樣，不可以再演布袋戲了，她笑笑點點頭！

（二）角落學習評量表

　　另一了解學生在角落學習方式為使用教案方式來撰寫，以了解角落計畫及學生學習的情形。

教具／教材／活動	目標	評量	備註
聽故事錄音帶： • ㄚㄚ和尖嘴巴 • 洞裡有個朋友	• 能聆聽老師講述角落的內容。 • 能選出自己喜歡的活動。 • 能在聽到內容時有所反應。 • 能在聽完每一則故事後，回答相關問題。		
閱讀書籍： • 交通安全：小心過馬路 • 怎樣做才對 • 我會照顧自己 • 頑皮鬼 • 兒童的雜誌	• 能從老師提供的書籍中選擇自己想看的書籍。 • 能與他人一起看。 • 能與他人分享心得。 • 能提出問題。 • 能在閱讀完畢後將書歸回原位。		
拼圖	• 能依老師說明進行拼圖。 • 能自己嘗試拼。 • 能拼完全圖。 • 能說出圖的內容。		

（接下頁）

（續）

教具／教材／活動	目標	評量	備註
拼字遊戲	• 能依老師說明進行拼字。 • 能將字拼出，例如思（老師提供字）。 • 能嘗試拼出自己認得的字。 • 能提出問題（例如問老師有沒有××字）。 • 能將拼出的字造句。 • 能在文章中找出要拼的字。		

第五節　教師訪談

問：角落時間很多，和一般學校比較不一樣？角落時間是怎麼樣的一個教學型式？

答：學校規劃了語文角、數學角、知動角，角落時間是讓學生去不同的角落學一個比較綜合性的活動，給他們一個滿大的彈性的空間。角落是打破年級的，同一個角就會有三個年級，班級間界線在這裡可以被打破。

問：有些什麼活動？

答：語文角有些老師會帶學生看書，今年有閱讀角、剪報角，可以讓他們做一些他們想做的一些事情。

問：科學角做些什麼事情？

答：看書或做實驗，學生可以彈性選擇他自己要做什麼東西。

問：五年級和三年級排的角落時間不一樣？三年級角落時間比較多？

答：因為五年級課比較多。高年級、中年級的節數內容是不一樣的。

問：角落時間會有一個老師在帶著？

答：對。

第 **8** 章

活動式教學

　　活動本位的教學（activity-based instruction）乃是 Bricker 和 Cripe（1992）所提出，簡稱為 ABI，主要是應用環境中自然發生的事件作為教學內容。

　　比起直接式的教學，以活動為主的教學通常可達到多項目標，也較為生動，前提是在採用活動教學時，仍須考量學生的需要，所教的內容也必須是學生能力所及，假如學生無法參與時，則必須改變活動的內容。

第一節　活動本位教學之定義

　　活動本位介入乃是配合日常作息及生活情境由學生主導的教學方法，教師須遵循學生的帶領提供合適的回饋，以符合學生需求，在教學活動中，融入特殊生的個別目標，同時邏輯地運用自然發生事件中（例如吃飯）的前因（洗手）和行為後果（肚子不餓），以發展功能性技巧的教學方法。活動本位教學強調學習不只是在教室，也能到社區等自然情境中學習，依據學習表現和實際工作成果來評量，例如在校園散步時看到花，讓學生主動探索，和學生談花的特徵（例如顏色及氣味），並告訴學生這是花。下次看到花時，可問學生這是什麼？學生經由平時的體驗，看到花就易記起花的名稱。

　　活動教學也是融合式班級常用的教學策略，強調在普通班課程進行「活動

本位」的學習，然並非所有的教學都可稱為活動，須具備某些條件才可稱之為活動。通常一個活動可以同時達到不同領域的目標，因此融合班科目間的界線較不明顯，例如國語課會帶入數學或自然，課程中涵蓋多種領域，教學的內容生動活潑，特殊生參與課程的機會就多些。活動本位介入的主要要素是：

1. 有開始（溝通從事該活動的需要、意圖、想法，尋求活動許可，及執行活動的自然提示以產生反應）、過程（執行活動）及結束（總結、將材料歸位、清理現場）三個部分，不管活動時間長或短，都須有這三個部分。

2. 適合學生的年齡。

3. 是新奇的、有趣的，最好是學生從未玩過的。

4. 教師可控制的。

5. 有彈性，在活動中可加入其他的內容。

6. 有教師在旁督導。

7. 具有功能性，教學的內容是實用的、和學生日常生活經驗相關的。

8. 能產生師生及同儕的互動，老師與學生對活動都有反應。

9. 不一定要完成一件作品。

10. 不須由教師決定如何進行，亦可由學生決定如何進行。

第二節　統合式活動設計

做好課程統整計畫後，就可就各科各單元做較詳細的活動計畫，並考量如何兼顧特殊生的需求。每個單元名稱就可視為一個教學主題，照主題教學的方式設計教學活動及教學目標，以求符合融合班不同程度學生之需。教師在設計教案時，須先根據學生的能力及前置經驗訂出教學重點，再安排流暢的教學流程，一般可分為三個步驟：預備活動、發展活動與綜合活動，然後以活動一、活動二、活動三……來串連整節的教學。準備活動提供了複習舊經驗的機會，或作為引起動機的活動；發展活動則是本節教學的重點；綜合活動則可回顧一節課所學，或是利用活動單、學習單作為教學的輔助，讓教師及學生了解學習的狀況。任何科目的教授，都可用活動式的教學來進行，每一科目或領域的教科書都分成幾個單元，每個單元都有一個名稱，在既定的主題下，配合單元名稱進行活動式教學，可使教學內容變得活潑生動。

　　當科目不同時，教學活動也可能不同，教師在設計語文科教學活動時，可透過下列活動以增進學生的語文學習：

　　1. 用詩來描述特色。

　　2. 將主題提到的地點描述出來（按順序）。

　　3. 說出文中印象最深刻的語詞、句子或片段。

　　4. 看錄影帶說感想。

　　5. 課文中提出什麼問題，如何解決？

　　6. 以後想再去哪兒（例如主題為古蹟之旅）？
（未來發展）

　　7. 蒐集和單元相關的故事、文章、字詞、圖片並貼出來。

　　8. 學到什麼？

　　9. 畫出單元中主角的樣子。

　　在融合的班級，要設計普通生與特殊生一起學習的統合活動，以下分科目及領域介紹當普通生及特殊生在同一組時，如何實施統合活動式教學。

一、國語科

　　統合式活動設計如表 8-1。

表 8-1　國語科統合式活動教學計畫表

單元名稱	教學重點	活動名稱	聯絡教學	教學目標	個別需求
大榕樹與小男孩	• 能說出樹的功能。 • 認識樹的根、莖、葉及功用。 • 探討小男孩到樹下遊玩的心態。	• 話劇～樹與男孩的對話。 • 踩影子。 • 老鷹捉小雞。 • 拓印葉子。 • 用葉子吹出聲音。	• 自然：認識植物的根、莖、葉、種子的繁殖。 • 數學：分數（葉子的分類）。	• 說出種子（例如綠豆）、根（例如番薯）、莖（例如蔥）、葉（例如落地生根）及孢子（例如蕨類）的繁殖過程。 • 能分辨樹的種類。	• 能認識植物名稱、了解植物的種類、了解植物的構造，例如根、莖、葉、種子。

表 8-1　國語科統合式活動教學計畫表（續）

單元名稱	教學重點	活動名稱	聯絡教學	教學目標	個別需求
大榕樹與小男孩	• 利用樹影來觀測太陽的變動。 • 了解影子與太陽的關係。	• 繪圖大賽～心中的大樹。 • 用紙杯製作立體樹。 • 文字遊戲～串聯樹的語詞。 • 經驗分享～印象最深刻的一棵樹。		• 能分辨寒帶樹及熱帶樹。 • 能使用有關植物的成語、詞語。 • 能記錄植物生長的順序：種植發芽→長葉→開花→結果的過程及時間。	

二、閱讀課

統合式閱讀活動設計表，如表 8-2。

表 8-2　統合式閱讀活動設計表

活動	普通生課程	特殊生課程
老師講故事	坐在椅子上聽故事。 專注地聽故事。	坐在椅子上聽故事，注意力集中在老師。
做故事書的封面	選擇不同的材料來畫，畫好再貼。	無法畫，由同學幫忙畫好，讓特殊生著色並提供其該用什麼顏色。
寫上故事的內容	寫下故事的大綱。	無法寫，由特殊生唸，老師幫忙寫上故事。
根據自製的故事書畫上插畫	在書上空白處畫插圖。	讓特殊生自由塗鴉或貼上貼紙。
分享自編的故事	輪流分享自製的故事書。	打開書，鼓勵特殊生說話。

三、自然與生活科

統合式活動設計表，如表 8-3。

表 8-3　自然科統合式活動設計表

活動名稱	程序	普通生目標	特殊生目標
水果拼盤	• 當呈現水果時，要學生說出水果名稱。 • 找出水果內的種子。 • 比較種子的不同（大小、形狀、顏色、數量）。 • 畫出不同水果的種子形狀，分工、共同完成一張海報。 • 畫好後分享。	• 說出水果的名稱。 • 理解「種子」、「相同」及「不同」的概念。 • 比較種子的特徵。 • 畫出種子。 • 分享畫的內容。	• 用手摸水果的質地（光滑還是粗糙）。 • 傾聽水果的描述。 • 換手（水果從一手傳到另一手）。 • 聽的理解，例如摸表皮。 • 坐在位子上。

四、數學科

統合式活動設計表，如表 8-4。

表 8-4　數學科統合式活動設計表

單元／活動名稱	普通生活動	特殊生活動
加加減減（一年級）：老師利用積木教「加加減減」，藉由玩積木認識數字之加減。	• 做課文練習題，加減混合。	• 數積木的格數，並說出積木的顏色及數目。 • 老師帶領組合長型小積木。 • 老師輔導拼長條積木，訓練手眼協調及仿說。 • 按選擇鍵。 • 普通生與特殊生一起完成「數數看」。

表 8-4　數學科統合式活動設計表（續）

單元／活動名稱	普通生活動	特殊生活動
百位數加減法（二年級）：以「10」為單位的數棒教數字觀念認知。	• 做百位數加、減法數學練習。 • 做數學應用題練習。 • 出列演算。	• 個別教學。 • 協助老師，幫演算對的普通生畫蘋果，以示獎勵。
雪花片真好玩：將雪花片貼在黑板上，請學生出列。	• 將雪花片以 10 個為一組圈起來，並跟老師說共有幾個雪花片。 • 普通生帶著特殊生數數。 • 老師出問題，學生舉手回答。	• 老師請特殊生數一數黑板上的雪花片（5 個以內）。
水果遊戲：老師利用水果模型教具，讓學生做數之加法，兩個學生為一組。		• 再重複一次數水果的遊戲，老師會牽著特殊生的手一起數水果的數目。 • 請特殊生重複一次，例：$5 + 8 = 13$ 　　　　$4 + 3 = 7$
紙球遊戲（一年級）：老師利用報紙做成 50 個紙球當教具，將球平分為兩組，每組 25 個，假裝這些球是飛彈，可以彼此發射，以擲飛彈的方式教學生做加減。	• 由特殊生丟球，時間到由普通生計算每一組剩下幾個。 • 安排普通生寫數學作業。	• 在一定時間內互相丟球。 • 讓特殊生敲鼓，當鼓聲停止時，遊戲也停止了。 • 老師將紙球放在鼓上讓特殊生鼓，藉著顫動將紙球敲下來，然後問特殊生紙球變多或變少？

五、跨領域範例

　　以假日園遊會為題，設計相關的活動，活動可同時達到不同科目的目標，詳細的活動安排如表 8-5。

表 8-5　跨領域統合式活動設計表

領域／科目	教學重點	活動名稱	器材	普通生目標	特殊生目標	備註
國語	編寫課文	腦力激盪		1. 能參與課文編寫。	1. 能唸出編好的課文。	
	海報設計、標語	畫圖高手	壁報紙、彩色筆、剪刀、膠水	1. 能與組員討論海報內容。 2. 能製作海報。	1. 能協助製作海報（著色）。	
	心得分享（檢討）	想一想		1. 能說出本活動進行的優缺點。 2. 能說出自己的心得。	1. 能說出參加本活動的感覺（例如喜歡）。	
數學	訂出成本	精打細算		1. 能列出要賣的物品項目。 2. 能估計每一項目所需費用。 3. 能計算所需成本。 4. 列出價錢。	1. 能將每一項目預計的金額加起來（使用計算機）。 2. 能說出要賣的項目名稱。	
	購買（準備）材料	省錢大師		1. 能配合需要購買或蒐集材料。 2. 能盡量廢物利用。 3. 能知道節約的重要。	（同左）	
	購買（準備）獎品	舊物新用		1. 能將家中不用的小東西或玩具捐出。	（同左）	
	獎品分類	猜一猜多少錢		1. 能預估每一獎品大約的價值。 2. 能將價值相當的物品做分類。	1. 能將同等級的獎品放在一起。	

表 8-5　跨領域統合式活動設計表（續）

領域／科目	教學重點	活動名稱	器材	普通生目標	特殊生目標	備註
數學	計算盈虧	精打細算		1. 能計算出本活動賺了錢還是賠錢。	1. 能知道本活動是賺了錢還是賠了錢。 2. 能說出賺（賠）多少錢。	
美勞	製作套環	圈圈樂	舊報紙、膠帶	1. 能製作套環。	1. 能參與製作套環。	
	獎品包裝	穿新裝	包裝紙、剪刀、膠水	1. 能適當包裝禮品。	1. 能協助包裝。	
社會	討論參觀注意事項	小紳士		1. 能說出參觀時應注意的禮貌。	1. 能唸出參觀時應注意事項。	
	討論園遊會賣點	妙點子		1. 能參與討論。 2. 能以民主程序決定班上要賣什麼。 3. 能遵守少數服從多數的規定。	1. 能參與討論。 2. 能說出班上最後決定賣什麼。	
	討論分組、工作分配	我們是一家人		1. 能參與討論。 2. 能認養工作。 3. 知道分工合作的重要。 4. 能與人合作。	1. 能參與討論。 2. 能知道自己分配到的工作。	
	討論當日流程	馬不停蹄		1. 知道當天行程。 2. 知道自己值班時間。	1. 知道自己那組的組長。 2. 知道當日要跟著組長走。	
	搬椅子	大力士		1. 能主動搬椅子。	1. 能協助搬椅子。	

表 8-5　跨領域統合式活動設計表（續）

領域／科目	教學重點	活動名稱	器材	普通生目標	特殊生目標	備註
社會	布置場地	美的世界	海報標語	1. 能將海報布置好。	1. 能協助布置。	
	販賣	小老闆		1. 能按照分工執行販賣工作。	（同左）	
	招攬客人	來玩喔！		1. 知道如何招攬客人。 2. 能招攬客人。	1. 能協助招攬客人。	
	打掃、收拾	清潔溜溜	打掃用具	1. 能主動將場地打掃乾淨。	1. 能協助打掃善後。	
	參觀	我是小紳士		1. 能表現應有的禮貌。 2. 能協助老師注意特殊生的安全。	1. 能跟著組長行動。	

　　同樣的例子出現在國語課包粽子的主題上，活動中包括了蒸飯、調餡、包粽子、數包了幾個粽子、吃粽子、數吃了幾個粽子及計算每個粽子的成本等過程，讓每個學生都可從這個活動中學會一些事物，例如讓普通生學語文及數學，讓特殊生學如何包粽子及做簡單的數數。

第三節　將特殊生目標融入活動流程

　　雖然活動式的教學非常適合融合式的教學環境，可以自然地、隨機地達成很多目標，然特殊生需要的是具體的例子、有意義或是自然的重複，及提供一連串相關的經驗、經驗的類化及經驗的連結，因此針對特殊生的教學，應事先加以計畫才能把學生的需要融入教學中。將特殊生安置在融合式班級之後，特教教師就要和普通教師共同討論特殊生的需要，普通教師在課程調整上常需要幫助，調整的目的不見得需要特別針對特殊生設計個別的教案，而是盡量把個別的目標融

入正常的課程中。例如當教師教到「認識動物」的單元時,對學生熟悉的教師就要提供有關個案需求的意見,特教教師再和普通教師合力針對個案需求來調整課程,將教學領域和單元主題配合,然後合力把活動修改到可以融入特殊生的數學、語文、動作、自然及社會的目標。這些調整通常也適合班上的其他學生,為了確保教學的調整可行,特教教師可以每個星期拜訪普通班,直到教師覺得這種方式可行為止。

　　表 8-6 是如何將特殊生的目標放入一般教學流程的例子。

表 8-6　「老鼠捕的洞」教學方案

教學理念:
1. 獨一性的維護:每人都是獨一無二的,每個學生有不同的學習方式,老師應給予孩子更多的選擇機會。
2. 多元價值的傳遞:在多元的社會中,本來就與不同種類、不同能力、不同宗教……的人生活在一起,所以學校也應提供類似於此的多元學習環境,而融合教育最能提供這樣的教育環境。
3. 尊重與包容:融合班教室管理的最大原則——彼此尊重。

教學特色:
1. 自我價值的肯定:在課程或日常生活中,盡量提供學生自我評估、自我認識與自我探索的機會。
2. 自信心的建立:每天盡量提供學生成功的學習經驗。
3. 適當的協助:對需要協助的學生提供足夠的協助,但又不至於協助過多,以免學生產生無助感,而對自己失去信心。
4. 強調合作學習:盡量設計有利於學生合作學習的活動,增進學生間人際互動機會,以合作代替競爭。

教學科目	國語	教學班級	竹大附小融合班三年級麒麟里 B 組
教學單元	老鼠捕的洞	教學日期	4 月 28 日至 5 月 6 日
教學者	徐老師	教學時間	8 節共 320 分鐘
教學研究	教材分析	教材來源:國語實驗教材第六冊(二)三下——面具。 教育部台灣省國民學校教師研習會。 透過表演道具的製作,讓學生對課文角色更加熟悉。	

表 8-6 「老鼠捕的洞」教學方案（全案）（續）

	教材分析	1. 透過角色扮演，讓學生對課程有更深入了解，同時對肢體表演、說話音調、角色協調、團隊合作等能有更多的學習與體會。 2. 透過課堂或回家作業的學習單，加深學生學習效果。 3. 透過增強板的鼓勵，提高學生的學習意願。
教學研究	教學聯繫	本冊國語教材之主題為「面具」，共有八篇文章，老師挑選其中四篇為精讀篇，另外四篇為略讀篇。 1. 精讀——除了文章內容深究探討外，也對生字語詞深入學習。計有「非洲大面具」、「布袋戲」、「老鼠捕的洞」、「狐假虎威」（劇本）四篇。 2. 略讀——主要做文學欣賞素材，有時也提供學生討論與比較的材料。計有「臉譜」、「起先」、「故事三則」、「狐假虎威」（故事）四篇。 面具之學習主題網（圖 8-1）。
	學生能力與經驗分析	本班三年級，班上有普通生 12 位及特殊生 8 位，國語科分兩組教學，本組為 B 組：6 位普通生及 4 位特殊生。 1. 特 1：中度智障。能認字，能聽寫，會簡單造句，能讀課文（速度較慢），但課文理解較弱，專注力不佳，有固著行為。 2. 特 2：小胖威力症。認字少，會仿寫，閱讀有困難，專注力差，情緒控制不好，喜歡幫老師做事。 3. 特 3：輕度自閉症（妥瑞症）。認知能力與普通生同，好動，情緒控制較弱，有時會離開座位走動。 4. 特 4：選擇性緘默症。國語程度有一點落後，專注力不佳，須提醒才會交作業。 5. 普通生：6 位。好發表，活潑。
	環境分析	老師： 1. 教學設備：白板、小白板、磁鐵、板擦、白板筆等。 2. 準備教材：課本、字卡、圖卡、句卡、學習單、增強板。 學生： 1. 學習工具：課本、文具、彩色筆。

表 8-6 「老鼠捕的洞」教學方案（全案）（續）

教學資源	教學活動	教學目標	時間	教學評量				
				普	特1	特2	特3	特4
【第一節：語詞教學】								
課本、貓和老鼠的圖片	一、引起動機 • 貓和老鼠：老師請學生發表對貓和老鼠的認識（經驗分享）。	♥ 能說出自己對貓和老鼠的認識（普、特3）。 ♥ 能聆聽同學分享（普、特）。 ♥ 能指認貓和老鼠圖片（特1、特2）。	5分					
	二、準備活動 • 朗讀高手：分組輪流朗讀課文。	♥ 能流利地唸讀課文（普）。 ♥ 沒有輪到唸讀課文時能耐心等待（普、特）。 ♥ 能在同學協助下和同學一起唸讀課文（特1）。 ♥ 能用手指著課文唸到的地方（特2、特4）。	5分					
課本、生字卡、學生自製字卡、磁鐵、指揮棒	三、發展活動 • 找一找： 1. 老師請學生找出每一段的生字並且用筆圈起來。	♥ 能找到生字且用筆圈起來（普、特3、特4）。 ♥ 能在同學協助下圈出生字（特1、特2）。	5分					
	2. 老師把生字卡按課文出現次序排在白板上，請同學上台寫出注音及部首。	♥ 能填寫注音及部首（普、特3、特4）。 ♥ 能填寫簡單注音（特1、特2）。	5分					

表 8-6　「老鼠捕的洞」教學方案（全案）（續）

教學資源	教學活動	教學目標	時間	教學評量				
				普	特1	特2	特3	特4
	• 手指動一動：老師指導正確注音、部首及筆順。	♥ 能專心學習（普、特3、特4）。 ♥ 能和同學一樣舉起手來書空練寫筆順（特1、特2）。	3 分					
	• 我是小字典：學生上台介紹自己製作的字卡。	♥ 能上台解說自己製作的字卡（普、特1、特3）。 ♥ 能在同學協助下解說字卡（特2、特4）。	17 分					
	【第二節：疊字詞介紹】							
課本、課文中有疊字詞之句卡、磁鐵	• 我是小偵探： 1. 老師請學生從課文中找出有疊字詞的句子。 2. 在同時，老師將疊字詞句卡貼在白板上，請特殊生上台圈出疊字詞。	♥ 能從課文中找出有疊字詞的句子（普、特3、特4）。 ♥ 能從疊字詞句卡圈出疊字詞（特1、特2）。	12 分					
	• 不一樣就是不一樣： 1. 老師將疊字詞劃掉一個字，請學生唸一唸。 2. 請學生說一說有疊字詞和疊字詞去掉一個字的句意有沒有改變？感覺又是如何？	♥ 跟著同學唸讀去掉一個字的疊字詞句卡（特1、特2）。 ♥ 能發表自己的感覺（普、特3）。 ♥ 能說出有疊字詞的句子有加強語氣的作用（普）。 ♥ 能聆聽同學的發表（特1、特2、特4）。	8 分 15 分					
	• 疊疊樂：作業說明「疊字詞學習單」	♥ 能了解老師的說明（普、特）。	5 分					

表 8-6　「老鼠捕的洞」教學方案（全案）（續）

教學資源	教學活動	教學目標	時間	教學評量				
				普	特1	特2	特3	特4
【第三節：閱讀課文——練習提問】								
課本、小白板	• 誰是主角：老師問這一篇故事中有哪些主角？老師隨著學生的回答貼出主角圖片：小孩、貓、老鼠太太、小老鼠。	♥ 能說出故事中的主要角色名稱（普、特3）。 ♥ 能上台在圖片旁寫出它們的名稱（特1、特2）。	5分					
	• 蛛絲馬跡：老師請學生默讀課文，並在「有疑問」的地方畫上記號。	♥ 能默讀課文（普）。 ♥ 能在有疑問的地方畫上記號（普）。 ♥ 能輕聲唸課文給特2聽（特1）。 ♥ 能專心聽特1唸課文（特2）。	15分					
	• 怎麼會這樣：分小組討論剛剛自己默讀課文有疑問的地方，整理後將每個人的問題寫在小白板上。	♥ 參與小組討論（普、特）。 ♥ 能提出自己的問題並寫下來（普、特3、特4）。	20分					
【第四節：閱讀課文——問題討論】								
小白板、學習單、一張放大學習單	• 分類高手：延續上一節學生寫在小白板上的問題，請學生做分類（哪些是與老鼠有關的問題、哪些是與貓和小孩有關的問題）。	♥ 能做問題分類（普、特3、特4）。 ♥ 能將分類好的問題唸出來（特1）。 ♥ 能在協助下唸出問題（特2）。	5分					

表 8-6 「老鼠捕的洞」教學方案（全案）（續）

教學資源	教學活動	教學目標	時間	教學評量				
				普	特1	特2	特3	特4
	• 你問我答：針對學生提出的問題討論（過程中老師鼓勵學生多互動，提出自己的想法，也尊重別人的想法）。 • 真真假假： 1. 老師將一張放大的學習單貼在白板上，請特 2 幫忙統計時，可在上面做○×記號。 2. 其他學生一人一張學習單。 3. 老師說明學習單中的一些句子，要請學生辨認哪些句子是真實的，哪些句子是個人的想法。 4. 教學生以雙手交叉表示 ×（代表是個人想法），以雙手向上拉成圓表示○（代表是真實的）。 5. 老師針對結果加以說明討論。	♥ 能針對問題提出自己的想法（普、特3）。 ♥ 能尊重別人的看法（普、特3、特4）。 ♥ 能聆聽同學的討論（特1、特2、特4）。 ♥ 能辨認句子的語意是真實的或是純粹個人想法（普、特3、特4）。 ♥ 能跟著同學做○、×的動作（特1）。 ♥ 能在台上幫老師數○的人數或 × 的人數（特2）。	20分 15分					

表 8-6　「老鼠捕的洞」教學方案（全案）（續）

教學資源	教學活動	教學目標	時間	教學評量				
				普	特1	特2	特3	特4
【第五節：閱讀課文——主角的對話】								
課本、學習單三張放大、小孩和貓的對話句卡	• 小孩和貓的對話： 1. 老師將學生分三小組進行討論，從課文中找出小孩和貓對話的部分，整理後填入學習單。	♥ 能分組討論並完成學習單（普、特3、特4）。	15分					
	2. 老師請各組推派一人上台找出正確對話，排出順序。組員可互相支援，但不能說話。	♥ 能在組員協助下找到正確的對話卡（特1、特2、特4）。 ♥ 能將對話卡排到正確的位置（特1、特2、特4）。	15分					
	• 作者想說什麼？老師引導由課文內容去體會作者要傳達的內涵——舊經驗不一定有用，親眼見到的也不一定是真相。	♥ 能在老師的引導下體會本篇故事的內涵（普、特3、特4）。 ♥ 能回答老師引用課文中事件所問的簡單問題（特1、特2）。	10分					
【第六節：課文大意】								
課本、故事大意句卡、四開西卡紙三張、彩色筆、學習單（作業）	• 我會說故事：請一位學生上台把本篇故事口述一次。	♥ 能上台說故事（普）。 ♥ 能安靜聆聽故事（普、特）。	3分					
	• 排一排：老師將大意句卡貼在白板上，請學生上台排出正確的順序。	♥ 能排出正確的故事大意（特1、特2）。	3分					
	• 畫故事圖：分三小組合作完成本篇故事的故事圖。	♥ 能合作完成故事圖（普、特3、特4）。 ♥ 能參與畫故事圖活動（特1、特2）。	25分					

表 8-6　「老鼠捕的洞」教學方案（全案）（續）

教學資源	教學活動	教學目標	時間	教學評量				
				普	特1	特2	特3	特4
	• show-show：三組分別派代表上台展示自己那一組的故事圖。	♥ 能上台展示自己那一組的故事圖（普、特3）。 ♥ 能欣賞同學的展示（特1、特2、特4）。	9分					
【第七節：道具製作】								
角色分配表（一組一張）、彩色筆、壁報紙、西卡紙	• 角色分配： 1. 整組分二小組。 2. 每小組選一人為組長。 3. 討論角色分配。 4. 小組長填寫角色分配表。 • 我會做道具： 1. 每人負責製作自己分配到的角色的頭套。 2. 大家一起協助製作背景字幕。	♥ 能透過民主程序選出小組長（普、特）。 ♥ 小組長能填寫角色分配單（小組長）。 ♥ 能製作自己擔任角色的道具（普）。 ♥ 能協助同學製作道具（普）。 ♥ 能幫忙將背景字幕的字著色（特1、特2）。	5分 35分					
【第八節：戲劇表演】								
表演道具、背景字幕	四、綜合活動 • 表演開鑼囉： 1. 老師說明演出者及觀眾應注意事項。 2. 正式演出。	♥ 能聆聽老師的說明（普、特）。 ♥ 能合作演出（普、特）。 ♥ 能當好的觀眾（普、特）。	3分 30分					

表 8-6　「老鼠捕的洞」教學方案（全案）（續）

教學資源	教學活動	教學目標	時間	教學評量				
				普	特1	特2	特3	特4
	• 美的分享：老師與學生彼此分享演得很棒的地方。	♥ 能說出至少三個演得很棒的地方（普、特3）。 ♥ 能說出一個演得很棒的地方（特1、特2）。	7分					

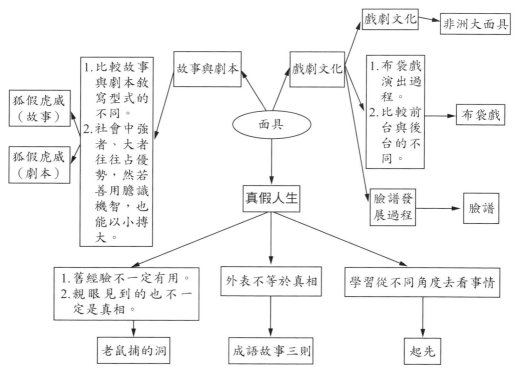

圖 8-1　「面具」主題網

第四節　教師訪談

問：實習老師在教的時候，好像給特殊生的時間很少，若真要顧慮到時，可能就是問特殊生一些簡單的問題，或是做學習單或做其他活動的時間單獨去指導他。現場的教師大概會透過什麼樣的活動或什麼樣的狀況下去教到特殊生？

答：這可能是寫作業時的情況，如果照吳淑美教授的理念的話，上課是比較不傾向完全把部分時間特別留給特殊生，她會比較希望是融合在一起。這時候教師比較會設計一些分組的活動，讓普通生去帶動特殊生來做，就是看一個是設計的活動內容，然後一方面看學生互動的狀況，如果在理想狀態下的話，特殊生可以從普通生身上學到互動，達成他的目標是最理想。因為有時候學生的互動不是那麼的好，還有普通生其實也在這個機會中學習如何去引導別人，引導這些能力比他弱的同學，這些都是需要不斷地嘗試，慢慢地引導他們，然後告訴他們剛剛什麼地方做得很好，但是再注意一下什麼地方會更好，就是在這樣幾次的引導之下，他們的互動就會愈來愈好，普通生也會知道如何去注意到特殊生的需求，效果就會比較好。

問：在課程中，如何讓特殊生跟普通生都能學到東西？

答：如果教師的教學設計是能夠讓學生參與的話，他們都會學得到東西。但是有些老師會設計很多活動，可是是不含教學目標在裡面的，學生可能會玩得很高興，可是沒有學到老師要給他的東西，這是比較要注意且避免的。若是一節課看起來很熱鬧，可是學生下課後腦袋就空空的，這個就會變成本末倒置。他沒有學到我們要他學的。老師在設計活動時有注意到這一點，應該都能學到東西。

問：就像我們那時候教學的時候，我們的活動安排最後面是綜合活動，每一堂課都設計活動，開始講的時候是老師對著學生說，然後可能發問題讓學生搶答。

答：有時候我也會這樣子，如果你要問問題，是針對……譬如說……你已經心裡想好這是他的目標，所以這個問題就是針對他來發問，你就會這樣子做，還有有些問題是針對一些程度比較好的學生問的，那看起來好像是對全班的學

生發問。可是事實上你這個問題是針對某個學生設定的，你就會叫特定那個學生去回答，我知道我問的這個問題很簡單，可能普通生都會，但是我希望他們能夠用合作的模式來回答我，那時候我就會分小組，告訴他們說，我有這些問題，這個問題的難度可能會是他們那一組特殊生的難度再難一點點的，我會告訴他說我要指定由誰來回答。譬如說我跟他們編號，一組裡面有四個學生的話，我當然不會讓學生知道我設計是這樣，可是我已經想好譬如每一組的中間那個就是特殊生，我會跟他說，你們這一組等一下回答是由他來回答，那其他的學生一定要把他教會，讓他上來發表，其他學生就會想盡辦法去教會他，因為他代表他們那一組的。有時候使用一些技巧，就是討論之後就會有很多方法出來，老師之間可以互相觀摩。

問：有沒有覺得哪些教學活動，比較可以讓特殊生參與、感興趣的？

答1：要看這一組裡面特殊生的程度落差大不大，如果是平均分組差異性比較大的時候，要設計的活動比較會是像遊戲，然後以分組的方式合作來呈現，讓能力比較好的學生去協助能力比較弱的學生完成。例如國語課比較會用大富翁擲骰子，走幾步這種方式，名字都還不會寫、詞彙也不是很多、認的字更少的學生，就可以參與的部分就是擲骰子，走幾步，然後可以幫老師做一些事，例如拿東西給老師，或是在組裡面可以協助、參與的部分，或是如果要造詞的話，組員造一個詞，然後請他跟著唸一遍，看學生狀況去設計。如果是大小組的話，被歸在大組裡面的特殊生都是程度比較好一點的，就依照他們的程度來設計，如果他們程度好一點，教師的流程也會進行得快一點。我比較會採用的方式就是用分組的，例如大小組可以印課文或是唸，也許特殊生的創造力不夠，但透過小組的討論，組員都貢獻了一點自己的想法，然後由另外一個組員把他們的這些想法寫下來，我可能會請每一組的這個特殊生將他們那一組的成果唸出來與大家分享，還是看特殊生程度的不同做調整。

答2：動態活動，或者是合作的活動、遊戲，還有藝能課程，其實都滿能兼顧普通生和特殊生的需求。比較不能兼顧的，目前是屬於深究文章的內容，深究討論的時候，特殊生比較不能說話，要討論比較深入的問題，特殊生在這個時候就只能聽，不能主動發表或是不能理解，不能理解大家說的內

容。因為大家說的內容已經很深入或是已經很深入的思考。解決的方法就是老師的角色很重要，老師要適時插入一些活動、插入一些問題給特殊生，讓他知道他有工作要做，他不是只是坐在那邊聽、看著大家，讓他知道他有工作要做。

問：哪些數學活動課程比較可以兼顧到特殊生、普通生的需求？

答：數學有很多不同的活動，就像你上一次看到那個「兩個兩個換的」，那也是一個活動，是合作式學習吧，我覺得合作學習是最能兼顧普通生及特殊生的需求。

問：新單元開始的時候，老師會如何開場？用合作式學習會不會難了點？

答：不會困難，因為教師會看這一堂課要上什麼，配合什麼樣的活動進行，大都可以玩得很快樂。

第 **9** 章
語文科教學調整

　　語文教學認為語言學習的歷程應該將聽、說、讀、寫自然地統整在一起，而不是將聽說讀寫各自為政。提供學生所學科目之閱讀及寫作的經驗，不但有助於他們對所學科目內容的精熟，亦可讓他們對課本學習的內容產生興趣。透過語文經驗的傳遞，讓學生沉浸在語文活動中，自然地學習語文的構造及語法，幫助他們思考及談論，進而能寫出及讀出自己的想法。

第一節　　閱讀

　　閱讀（指的是閱讀一本書或一篇文章）好處是可從書中學習到新的概念，因此不斷的閱讀是非常重要的，然而閱讀必須建立在學生的興趣上，再連結過去經驗擬定閱讀目標。閱讀前需先教導關鍵字，教導理解技巧並實際練習上述功能性詞。將閱讀技巧應用於其他資料並結合其他策略，包括提供實物、指出重點、口頭摘要和提供閱讀資料等方式，對於閱讀能力較弱的學生可用複寫或選擇題的型式，幫助他們獲得知識。

一、書面閱讀

閱讀的內容可以是書中的文字、圖片，也可以是一些常見的符號或標語，因此閱讀不只是普通生學習的管道，也是特殊生必須學習的重要課題，透過閱讀，特殊生也可將他們讀到的內容與同儕分享，除了做好閱讀的準備，還需安排閱讀後的相關活動，以延伸及應用閱讀得到的知識。和閱讀相關的活動包括回答書中的問題、講述書中的故事、扮演書中的內容、做一本和閱讀內容相近的書、畫書中的插畫、製作故事大綱等。表 9-1 提供閱讀前、中及後的策略。

表 9-1　閱讀經驗的要素與策略

要素	策略
閱讀前	• 引起動機 • 選擇和學生相關的題材 • 提供背景資料 • 提供文章相關知識 • 教字彙 • 教觀念 • 問問題 • 預測 • 設定目標 • 提示（提供建議）
閱讀中	• 默讀 • 讀給學生聽 • 導讀 • 學生讀 • 改編文章內容
閱讀後	• 問問題 • 討論 • 寫作 • 表演 • 圖示、畫畫（非語文活動） • 延伸活動 • 再教一遍

以圖畫書或繪本為例，表 9-2 提供一些例子來引發特殊生對繪本的理解。

表 9-2 特殊生對繪本的理解

書名	小女孩與魚
角色	• 這是誰？ • 她快樂嗎？ • 指熊給我看。
視覺特徵	• 她的帽子是什麼顏色？ • 在圖上你看到了什麼？ • 熊的嘴裡是什麼？
動作	• 這張圖裡媽媽在做什麼？ • 貓將要去哪裡？ • 小熊帶著籃子要做什麼？

給特殊生適合他們程度的閱讀材料是很重要的。要決定這本書或故事的可讀性，最簡單的方法就是請學生大聲讀一段。一般來說，所讀的每 20 個字當中，不能唸錯超過一個字。如果所閱讀的材料太難，學生會感到挫敗，有可能還會產生低成就感而排斥閱讀。

二、口頭閱讀

口頭閱讀分成三種方式：朗讀、導讀、及共讀。

（一）朗讀

老師朗讀時要規律大聲的唸出來，不管有或沒有障礙的學生都喜愛聆聽老師大聲地閱讀一本有趣的書，聆聽流暢的朗讀，對於所有學習者而言，老師示範朗讀是必要的。

（二）導讀

在引導性閱讀中，學生會和老師一起閱讀適合學生程度的教材，引導性閱讀不只對於有障礙的學生有益，對於所有的學生也有助益。

(三) 共讀

共讀指的是所有學生共同閱讀相同的書，共讀時也可將課文投射在黑板上讓所有學生都能看到課文。表 9-3 提供了增進共讀的策略。

表 9-3　「合作共讀」策略

策略	內容
暫停	在讀故事書的時候，突然暫停一下，讓學生有機會發表意見。翻新的一頁後，暫停一下，讓學生能看看圖片，並自動問問題或發表意見。讀完故事後，暫停一下，讓學生可針對故事或圖片發表意見。
讓學生挑選讀書的地點	讓學生自己選擇喜歡的地點閱讀。
增加學生操作書本的機會	允許學生拿書，鼓勵學生隨意地翻書，利用書本的特性操作書本。
適合學生的能力與興趣	適時改編故事內容、書中用字或設計討論的方式，讓學生對故事更感興趣。
讓學生唸書給你聽	學生喜歡唸熟悉的故事書。即使學生不是真正照書上內容讀書，也可以對學生這樣說：「哇！我好喜歡你唸這本書的方式喔！」

三、閱讀的調整

教師不能將特殊生排除在經常性的閱讀活動之外。無論是使用何種調整的方式，教師要事先檢測學生的理解程度。一個視覺受損的學生，可能需要圖片或更進一步的描述；反之，有聽覺損傷的學生，可能要坐得較接近老師，或是用音頻麥克風和耳機。一個注意力時間極短的學生，可能只能短時間閱讀。

教師可改以文字搭配圖片教學，讓學生獨立學習，對於「視覺」、「觸覺」較敏銳的學生，可採用視覺提示策略，將圖片或觸覺訊息與書面文字連結配對。對於「聽覺」較敏銳的學生，可提供聽覺閱讀的學習如錄音資料、戴耳機，甚至是教師、同儕協助報讀等方法。閱讀調整原則如下：

1. 不用讀整篇文章（減少閱讀的量）。
2. 標示重點（可用螢光筆或將重要部分框起來）。
3. 找相同主題但內容較淺的書或文章，或找同一本書中較簡單的部分。
4. 或用聽錄音帶配合閱讀。
5. 和家人或同儕共同閱讀一本書以增進閱讀的動機。
6. 在讀之前先看過相關的錄影帶，或是在讀之後安排相關的閱讀問題，讓學生有機會回憶看過的內容。
7. 選擇不同的書給不同閱讀程度及興趣的學生，而不是要求每個學生看相同的書。
8. 減少閱讀時產生的挫折（例如看不懂的字過多，或字數過多、字過小，造成眼睛吃力）。
9. 配合各個學科提供各種閱讀種類的書籍，讓學生能將課本所教內容和閱讀連貫在一起。

重度障礙學生也可閱讀，其閱讀活動必須富創意及彈性，目的是使學生能透過閱讀學習。教師應教導高頻字（最切身需要的字彙），方式可採用圖文配對、實物與文字配對、相同字配對等。另外，教師也可加入顏色區辨線索以簡化教學、凸顯重點，再逐漸褪除提示。

四、自閉症閱讀

根據全語言，認識或閱讀整個語詞一向比單字之學習有效。學生並不需要了解每個字後才能閱讀，單字及注音符號是抽象的，這些片段的字對特殊生而言是無意義的，需組合起來才有意義，即便認識了一些字，也不見得就能將字組合成語詞，且大多數的單字本身是無意義的，需組合起來才有意義，因此特殊生可能認得文字卻仍無法閱讀一篇文章。因此在學習單字時必須配合情境來學習，從語詞來學單字，例如在吃飯時教餐具及食物名稱。

對自閉症及其他發展遲緩學生而言，受限於理解能力，其閱讀材料必須和個人的生活經驗相關才能了解閱讀的內容，也就是閱讀材料所用的字彙及概念必須能和學生的生活經驗結合，例如學生常玩積木，看一本和積木相關的書就有意義，也才能學會句子及概念，達到延伸語言的目的。

在閱讀的過程中除了讀之外還可加入配對、選擇及命名的活動。此外，每天的作息還要有機會去使用學過的語詞及句子，自閉症學生尤其需要視覺的提示來將字組合成句子，使用字彙閃示卡提示句子的組成，當然閱讀也是很好的一項能增進自閉症學生語文能力的不二法門。透過書來建立字彙是很重要的，然必須選擇和學生生活經驗有關的書，例如選一本和學校有關的書作為閱讀的開始，再以此找到和學校這個主題相關的書，由淺到深慢慢進入閱讀世界。

語文理解之前要先能配對，所謂配對就是把一樣的字放在一起，老師寫出「我要上學」時，學生也要能排出「我要上學」的句子，才能進展到認識句子意義，達到句子理解的過程。

老師	我	要	上	學
學生	我	要	上	學

根據 Broun（2004），識字的過程包含三個部分：

1. 配對：配對印好的字或句子。
2. 選擇：在老師要求下拿出指定的字。
3. 命名：看到「它是什麼？」的問題時，能回答出名稱。

透過這樣的過程，不會說話的孩子說出了第一個字，當看到的字愈多時會說的字也就愈多了。閱讀故事內容時仍須重複上述過程，才能真正增進學生的識字能力。同理，家長買了字卡及書時，還要應用上述過程才能真正增進孩子閱讀理解的能力。

自閉症學生患有動作障礙與溝通障礙，他們可能沒有辦法用一般的方式回答問題與表達他們的想法。有一些可能是因為找不到適切的字來回答關於閱讀理解的問題（或任何其他問題）；有一些則是知道答案是什麼，但當被直接問問題並被要求回答時，又表達不出來。有些學生可以毫無困難地讀完一篇文章，並且確實了解文章的內容，但卻無法針對文章的內容做討論。

這時老師可以透過很多方式讓學生把他們的理解程度展現出來。例如當問學生一些關於閱讀理解的問題時，老師可以試試下面的幾個方法：給學生充分的時間回答（一分鐘或甚至更長的時間）；除了把問題說出來之外，也把問題用文字

的型式寫下來；讓學生以書寫或圈選的方式代替口語回答（Williams, 1996）。

　　當學生完全無法回答閱讀理解的問題時，老師可以用其他的方法讓學生將自己知道的表現出來，例如可以讓學生以畫圖或指出圖片的方式回答，也可以讓學生用符號、手勢或以話劇的方式，把書中的一個場景「表演」出來，還可以讓學生把書中的關鍵片段製作成一張投影片，或就與文章內容相關的主題，製作一幅拼貼畫或水彩畫。

第二節　書寫與寫作

　　書寫是自我表達的呈現方式之一，在任何課程的學習，書寫也是很重要的，所有級別的學生都要學習書寫，以書寫作為一種方法來統整學生一整天所學的技巧、策略和資訊。寫的技巧可用在平時抄聯絡簿、寫生字、句子，或是寫一段話，甚至到寫一篇文章、創作故事等難度較高的寫作上。無論寫的內容是什麼，都需要先知道要寫什麼，因此寫是一難度較高、較複雜的技巧，其過程包括從腦中搜尋要寫的字，將寫的字組合成可以理解的語詞。日常生活中寫的機會很多，將看到、讀到的內容寫下來更是重要，例如做筆記，寫的過程包含了計畫、組織、寫、修改等過程，不管寫的過程為何，在寫之前最好要先組織一下思緒，例如先製成表格，再根據表格撰寫文章，在寫作前要先閱讀相關的文章，整理出每段要寫的重點再下筆。在閱讀或寫故事時，就要特別注意故事中包含的人、時間、地點、發生了什麼事及如何結尾。

　　對特殊生而言，學習寫同樣也是一重要的課程目標。寫之前要先從聽故事、閱讀故事開始，書籍或故事書對學生寫作能力的培養是不可或缺的教材，給特殊生看的書要選擇內容較簡單或是圖片較多者，再讓特殊生試著寫出圖片或每一頁圖片的名稱，或是仿寫簡單的句子，也可從句子中找出某個字，並學習寫下來。

　　知道寫的內容比會寫還來得重要，至於寫的筆順或字形正確與否對特殊生就不是那麼重要了，最主要是要他們肯將自己的想法或看到的物品或事件寫下來，肯寫之後再談寫得正確及通順與否。特殊生寫作時可以使用圖片當作故事的開頭而不用寫下來，也可寫或說出一兩個句子或用口述故事的方式錄到錄音機中，也可以和同學、朋友一起寫故事。

　　如果書寫因生理條件之限制而有所困難，教師應將書寫工具做調整，例如

在書寫工具上加海綿乳膠、黏土或橡膠球，使學生較易抓握；如果控制電腦有困難，教師也可以思考如何自製輔具或購買現成輔具協助學生，使之容易操作。教師給予學生之學習單也應做適當的調整，讓學生可以用書寫以外的方式達到與他人同樣的學習目的。舉例來說，當六年級的特殊生被要求做一份石門水庫戶外教學學習單時，就可讓特殊生用電腦寫，不會使用電腦的特殊生則寫簡單的幾句話或用相片來回應就可。對完全無法書寫的重度及多重障礙學生，可以提供替代書寫的媒材，例如圖片、物件、印章、貼紙、繪畫等，只要能具體表達想法即可。

第三節　國語科教學重點及特色

國語科是教學比重最重的科目，教師需先將課程通盤了解之後，有系統地設計課程以符合學生的需要。國語科著重在於聽、說、讀、寫的精熟學習，教師必須熟悉課本內容，將教學目標整理歸類，給予學生練習拼音、表達、認讀及書寫的機會，尤其要著重筆順、握筆、坐姿的基本練習，並隨時評量學生的學習情形，以提供補救教學。多利用白板及注音符號、磁鐵、印章、圖片等教具，以增加教學之生動，教室前面的布告欄可以貼上兒歌、每課強調的詞、照樣造句讓學生熟悉，亦可將較難的題目貼在最前面的布告欄。

因應班上有普通生及特殊生一起上課，國語科教學除了依照一般國語科教學程序外，還做了一些調整，調整後教學重點如表 9-4。

表 9-4　融合班國語科教學重點

綱要	行為目標	結果	備註
引起動機	• 聆聽老師的介紹。 • 能注意聆聽其他同學的發言。 • 能回答問題。 • 能傾聽故事（幾分鐘）。 • 能和同學分享（例如圖片）。 • 能唱兒歌。 • 能認讀以前教過的字。		

表 9-4　融合班國語科教學重點（續）

綱要	行為目標	結果	備註
概覽課文	• 能聆聽老師示範朗讀。 • 能跟隨老師一句一句地朗讀課文。 • 能和同學一起朗讀課文。 • 能用自然流利的語調自己朗讀課文。 • 能和同儕輪流接讀課文。 • 能背誦課文（兩人一組，互相糾正）。 • 能回答這一課主要角色有誰。 • 能用簡短的文句說出本課的大意。 • 能看圖片說出圖片的大意。 • 能針對課文的內容或以後的情節討論、問問題。		
認識生字、新詞	• 能正確認讀句子（幾個字）。 • 能說出句子中有幾個字。 • 能說出有哪些字不認識。 • 能找出句子中的新詞、舊詞。 • 能正確認讀本課新詞。 • 能正確認讀本課新字。 • 能解釋詞意。 • 能將詞與圖配對（能理解詞的意義）。 • 能唸注音符號。 • 能將注音符號與詞配對。 • 能認識生字的部首。 • 能計算生字的筆畫。		
書寫	• 能在生字習寫板上仿寫生字，並按正確的筆順書寫。 • 將生字、語詞抄在黑板或簿子上。 • 能寫出生字（幾個）。 • 能寫出新詞（幾個）。		
內容研究	• 能聽錄音帶排句子（聽指令找出語詞、句子）（幾個句子）。 • 能看圖說話。 • 能看圖組句（幾張圖）。 • 能回答問題卡。		

表 9-4　融合班國語科教學重點（續）

綱要	行為目標	結果	備註
型式深究	• 能熟讀句子（引進句型）。 • 能用圖片替換語詞。 • 能用語詞替換語詞（記錄替換語詞的流暢性）。 • 能替換括號中的語詞： 　a. 主詞。 　b. 動詞。 　c. 形容詞。 　d. 副詞。 　e. 其他。 • 能用生字造詞。 • 能用新詞造簡單的句子。 • 能把排亂的字重新組合成正確的句子及配對。 • 能以圖片配對與生字相關的語詞。 • 能做字的組合及配對。		
綜合練習	• 從詞卡中找出相同的字。 • 從句牌中找出相同的詞。 • 從課文中找出相同的音（押韻）。 • 查字典。 • 角落延伸活動（從字典中找出同部首的字）。 • 能聯想相關的字、詞、句。 • 能寫心得。 • 能按小組及個別的討論習作及練習。		

　　為了讓教學能符合普通生及特殊生的需求，融合班教師做了下列教學安排（表 9-5）。

表 9-5　融合班國語科教學安排

特殊安排	項目		一年級彭老師	二年級吳老師	三年級徐老師	四年級藍老師	五年級史老師	六年級范老師	備註
寫日記／週記或其他文章	配合單元一週次數			√1	√1	√5~7		√1	
	未配合單元		√			√	√		
	有考量特殊生需求		√		√	√	√	√	
	評分方式	等第	√		√				
		分數						√	
		其他		√			√		
	獎勵方式	物質獎勵							
		社會性獎勵	√	√	√	√	√	√	
		其他				√			
閱讀	書的來源								
	書的數量				40			不定	
	撰寫心得			√	√		√		
	閱讀單		√	√	√		√	√	
	閱讀時間	校內	√			√			
		回家	√	√	√		√	√	
	有考量特殊生需求			√		√			
	評分方式	等第	√						
		分數							
		其他		√			√	√	

表 9-5　融合班國語科教學安排（續）

特殊安排	項目		一年級彭老師	二年級吳老師	三年級徐老師	四年級藍老師	五年級史老師	六年級范老師	備註
	獎勵方式	物質獎勵						√	
		社會性獎勵	√	√		√	√		
		其他							
唱兒歌／童詩／說故事	配合單元一週次數		√1~2	√1	√1	√	√1	√0~1	
	未配合單元								
學習單（上課使用）	每一課特殊生學習單數量		2~3	2		2~3	4	2	
	每一課普通生學習單數量		2~3	2			4	2	
	使用方式	引起動機				√		√	
		發展活動							
		綜合活動		√		√	√	√	
		其他	√						
	有考量特殊生需求		√	√		√	√	√	
	獎勵方式	物質獎勵							
		社會性獎勵	√	√		√	√	√	
		其他				√			

表 9-5　融合班國語科教學安排（續）

特殊安排	項目		一年級彭老師	二年級吳老師	三年級徐老師	四年級藍老師	五年級史老師	六年級范老師	備註
回家作業與評量	多久指定一次		每天	每天	每天	每天	每天	每天	
	普通生作業內容	以課本習作為主	√	√	√			√	
		單張作業單	√	√	√			√	
		以增進國語能力為主	√	√	√		√		
		其他		√			√		
	特殊生作業內容	和普通生一樣，但請家長協助完成	√						
		和普通生一樣，但做多少算多少，量力而為		√					
		和普通生一樣，但降低份量					√		
		另外出	√	√	√		√	√	
		其他					√		
	作業評分方式	等第	√	√	√		√		
		分數					√		
		其他		√				√	

表 9-5　融合班國語科教學安排（續）

特殊安排	項目	一年級彭老師	二年級吳老師	三年級徐老師	四年級藍老師	五年級史老師	六年級范老師	備註
作業獎勵方式	物質獎勵							
	社會性獎勵	√	√	√	√	√	√	
	其他（展示、張貼分享）			√	√			
普通生評量內容	以紙筆測驗為主	√	√	√			√	
	以實作評量						√	
	過關遊戲為主							
	以檔案評量	√	√	√				
	其他		√					
特殊生評量內容	和普通生主題一樣，但降低難度	√			√	√	√	
	和普通生主題一樣，但以實作評量為主	√			√	√		
	另外出	√	√	√	√	√	√	
	以檔案評量	√	√	√				
	其他							
評量評分方式	等第	√						
	分數		√	√	√	√	√	
	其他		√					

表 9-5　融合班國語科教學安排（續）

特殊安排	項目		一年級彭老師	二年級吳老師	三年級徐老師	四年級藍老師	五年級史老師	六年級范老師	備註
	評量獎勵方式	物質獎勵							
		社會性獎勵	√	√	√	√	√	√	
		其他				√			
其他									

第四節　國語科課程調整

　　一般普通班級使用的課程通常都需要改編以符合特殊生的需要，最普遍的學科調整方式為簡化課程內容及改變作業的要求（例如給予較長的繳交期限），表9-6 記錄表是彙整每個特殊生課程目標、增進課程參與及作業安排的情形，以了解國語科的調整方式。

表 9-6　融合班特殊生國語科課程參與及作業安排記錄表

年級	姓名	課程目標	增進學生參與之上課安排	作業安排	哪些需要再調整
三	A生	• 能描述事物。 • 能做聯想遊戲。 • 能口述造句。 • 能記住一個字。 • 能仿寫句子。	• 夥伴朗讀。 • 簡單的造詞聯想。 • 回答問題。 • 小組創造。	• 畫圖。 • 學習單。 • 錄音。	課程上能再多讓他參與小組討論。

表 9-6 融合班特殊生國語科課程參與及作業安排記錄表（續）

年級	姓名	課程目標	增進學生參與之上課安排	作業安排	哪些需要再調整
四	B生 C生 D生	• 了解父母的愛與期望。 • 關懷大自然。 • 欣賞作者寫景、動物之手法。 • 關懷動物——對迷你馬的同情。 • 能說出如何做某項「兩難之事」的決定，當時的想法及考量。 • 探討生與死的生物性意義及情緒、心理。 • 探討「葉子」的擔心。 • 如何健康面對死亡。 • 能共讀或分組讀，再討論、發表想法。	• 由學生製作字卡並發表。 • 問課文中較簡單之問題，並指示其答案所在。 • 兩人一組，寫段落大意並發表。 • 由老師或同學提示朗讀至文章何處。 • 簡單連接詞口頭造句。 • 製作句子字卡，排成文章中的句子或重點。 • 分析文章中的「時間」、「地點」、「情況」，且利用字卡由其排列，並給提示。 • 一段段分析文章時放慢速度，並詢問相關經驗。	• 語文簿：B生透過母親協助提醒可完成。 C生與母親共同討論，由母親代筆或為其修改為較為通順的句子。 D生日記簡略寫即可，寫讀本中喜愛的句子即可。 • 閱讀日誌。 • 看圖寫一寫：可代替日記或閱讀日誌，由學生自行決定是否做此作業。	• 寫生字卡：發表時給予部分協助。 • 作業單：B生可做思考性問題，有時可用口頭回答思考性作業單。需寫較多文字的作業單。C生需給予部分提示。 • 生字詞語簿。 • 畫插圖：可自由選擇較易表現之文句自由繪畫。
五	E生	• 習生字。 • 習生詞。 • 造句練習。	活動： • 生字水果。 • 詞語接龍。 • 我會接著寫——造句。 教具： • 水果圖。 • 詞卡。 • 句卡。 • 故事圖片。	• 作業單。 • 日記練習。	課程：需要能力較佳的同學帶著練習。 作業： • 給予具體的提示。 • 放大字體。 • 簡化作業內容。

表 9-6　融合班特殊生國語科課程參與及作業安排記錄表（續）

年級	姓名	課程目標	增進學生參與之上課安排	作業安排	哪些需要再調整
六	F 生	• 善用觀察，用多樣角度觀察事物。 • 知道世界是多采多姿的。	• 字卡。 • 圖片（仔細觀察比較兩張圖片的不同）。 • 錄音帶。	• 作業單。 • 作業簿（生字、字詞造句、閱讀）。	• 以描寫完成作業。 • 以剪貼或連一連完成作業。

第五節　教師訪談

問：如何教寫作？

答：首先要寫草稿，寫一行且空一行，空的那行是讓他人訂正用，用別的筆在旁邊寫，幫他修改，給老師看之前，要先給家人看過，家人就會告訴他該怎麼改，還要給兩個同學看過，然後給他意見，家人已經幫他們修改好了，我就不用那麼累，看完之後，最後才收到我這邊，我再來看，我可以慢慢看，我給學生的觀念是，不是寫作文，也不是在課堂上寫，例如這個單元要做一個創作，平常上課過程當中，他們要做跟這個單元主題相關的創作。平常上到這些文章的時候，他們可以模仿這些文章去創作，要他們仔細看，隨時提醒他們說，到時候你要訂一個題目，不是我訂題目，他們就可以模仿這些文章，我們這禮拜就是要創作這篇文章，如果靈感來了，一天就可以寫完，如果你靈感還沒來你可以慢慢寫，先想第一段、第二段，我會每天上課都提醒他們，問寫到哪裡？開始寫了沒有？有人說我已經寫完了，有些人說我還沒有寫完，大概看他們寫多少，或是有什麼問題，可以找老師問，讓他們知道那就是自己的創作，是自己的事，不是一個作業要去交，不是老師規定題目後，就是這兩節課要寫出來，這個禮拜你有靈感的時候去寫，但是要在禮拜幾之前要交出來，寫好了，先給家長看了沒，還沒，要先給家長看，看完了要給同學看，問誰要看，他已經寫好了，誰要看他的文章，帶回去看，有人就說他要帶回去看，他們就說他們要自己練習改，你們自己要看別人的文

章，要給他意見喔，要幫他修正，有些人只是看看，簽個名，有時候我會讓他們在課堂上交換看，有些人就比較認真，會說我覺得這句話可以怎麼改，我說如果你有什麼意見，你就幫他寫在旁邊，每行有空一行空白啊，然後那個主人可以自己決定他要不要採用你的意見，他覺得好就採用，不好就不採用，他們觀念還沒出來的時候，我就大膽跟他們這樣子講，你們就是寫在旁邊啊，主人就說老師他把我改了，我就說你要用就用啊，喜歡你就用，不喜歡你就不要用，就用之前自己的。我會喜歡帶那個觀念，寫完之後，我會盯，因為其實還是要給他們期限的壓力，每天就會提醒他們，誰寫完了，我會給他們三、四天寫，四、五天寫，有的就會寫得很長，他有靈感，然後給他鼓勵，說這個點子很好，你可以怎麼寫怎麼寫，他就會寫得很好，整篇文章可以寫得很好，可是不一定像作文的型式，就是讓他練習去發揮，我沒有限制型式，我其實滿累的，我很討厭改作文，改作文好累，每次改他們作文，常常改好幾個禮拜，隨便改一改也可以呀，幾個地方隨便改一改，批個閱，也可以啊，或者是改很久，他為什麼這樣做，想給他什麼意見，就想家長也會看，有些學生寫得很爛，像小瑋永遠只有一段的，亂七八糟，完全沒有結構的，然後這種你就要拖很久，你就和他慢慢拖，反正一定要交，我會修改，教他寫，有的是放手不管，慢慢寫，一定要把它做完，有時候就會很累，每次東西都擠在一堆。

問：老師現在對學生國語科的期望、目標是什麼？

答：大組裡面學習障礙學生的的能力算是很不錯，我對他們的目標，平常我希望他們的字可以再累積多一點，他們讀很不錯，他們三個考試，跟一般學生不一樣，考一篇文章裡面比較常聽到用到的詞，甚至加一些常聽到的成語，例如認字方面會用的，會造句，會寫出來，會默寫，他們的詞就是較生活化的詞，如果是閱讀方面，三個學生程度都不一樣，現在文章那麼長，對他們來講是比較難的，但是他們回去還是有讀，我會給他們一張閱讀的作業單，別的學生都沒有，一段一段問，他讀完第一段，我給一個問題，他從第一段找出答案來，我會讓他們在閱讀的時候做的功課，就是看完之後問一個問題，看是否看得懂，你要去搜尋出來，文章的結構對他們來講太難了，我不會要求他們，但是上課時會分析，上課以問他們文章的內容為主，讀完這一段，

有時候會一段一段討論也是為了他們，有時要學生一段一段讀，一段一段討論，是因為他們當場聽到了，他們就會回答，有些文章不會再重讀了，就直接討論結構等，因為有些東西比較抽象，對他們比較難。

問：是因為現在比較高年級了嗎？

答：有些他們比較不容易理解的文章，我會在分析結構的時候要求他們一段一段討論，然後問他們一些裡面的問題，這是閱讀方面淺顯的文章，他們讀了可以懂，其實這都是一直累積，不能斷掉，語文的東西就是要累積，可能他們考過不久又忘了，因為下次還會考到同樣這個字，可是是用在別的詞上面，就是一直累積，寫的話真的是比較難。

問：平常要他們練習嗎？

答：一定要啊，平常一定會練習的。

問：還是會增加他們的分量？

答：分量不會，但是練習語詞會，我不會要求學生語詞寫兩次，可是他們三個我就會，我考語詞，是讓他們自己造句寫題目，從他們的造句裡選出考試題目，他們會自己去準備，我現在不會叫他們語詞寫兩次，因為他們要自己練習把語詞學起來，我不會給他們功課，我只會說考語詞，但是他們三個，我就會特別給他們六個語詞兩次，看他們寫上面有沒有什麼問題。

問：一般的學生是叫他們作語詞造句是不是？

答：他們也有造句，特殊生也有造句。

問：所謂考語詞是？

答：考語詞就是所有的語詞都要考，二三十個語詞，意思是說，我不會特別給學生一個作業說要寫第幾課的語詞兩次，我不會有這種作業，他們就是要去準備這兩課的生字語詞。

問：學生怎麼會去準備呢？

答：我就說要考語詞，他們知道回去就是要準備，要考之前，我說明天要考試，他們自己就會準備，他們要自動去準備，我不會有這個功課，可能有些人比較認真，練習時間比較少，有些人能力很好，他不用練習也都會，就沒有要

求他反覆練習，為什麼要準備這個東西，是因為要用在寫作上，現在寫作沒有問題，我不會把這要求多練習這麼多次，會讓他們多寫東西，我覺得日常生活，譬如他們寫作的時候，或他們寫功課的時候，他說如果不會的字，我就寫注音，他們比較沒有所謂生字的抱怨，你只要不會就是全部用寫注音，要求他們這個觀念，但是一開始會有一個限制，就是這課的常用詞是哪些，因為那本書有列出來生活常用詞，我就考他們那些生活常用詞。他們考語詞和一般學生考語詞又不一樣，所以要出兩份。

問：考試的方式除了考語詞，還有什麼型式？

答：平常就是考語詞和寫作業，只有到期中、期末考才會考比較大東西。

問：還會考說話？

答：那是期中考，我想說不要一直練習照樣造句，我就沒有考那個，我就想到用比較活動式的，考不一樣的，也有考說話。

問：自閉症的學生也是這樣子考嗎？

答：小強也有，因為他父母配合得很好，像別的學生要準備三個問題，當天抽到什麼就講什麼，小強是考試前先讓他選一個題目，回去的時候我先跟他父母說，期中考給他一個題目，給他在家練習，他父母平常就會問他，平常在家準備，他父母陪他準備，題目好像是「下課十分鐘在幹嘛」，他可能講過，他父母幫他整理好，要求他背起來，小強很屬害，他可以背起來，他很屬害喔，上台之後開始把背的唸一串，然後說謝謝，我的演講說完了，謝謝大家，然後下去了。然後聽不懂，我楞在那裡，私底下我要聽到他的內容在說什麼，因為他背得太熟了，聽不懂，口齒不清，沒有慢慢講，只是從頭唸到尾，他的聲音有時候聽得不是很清楚，也聽不大懂，所以叫他過來，自己再慢慢講給我聽，一句一句分開來講給我聽。小婷也是，媽媽回去也是叫她要準備，題目一個禮拜前她就知道了，我就跟她說妳要回去練習，說給家人聽，講給家人聽妳看到什麼，我會跟他們說過一次，在私底下我會找他們，引導他們講一下，他們回去再說給家人聽，因為如果光叫他們講的話，等於好像沒有知道他真正的能力是什麼，回去練習，他們就不會害怕。小聰也是，他父母也要他講給他們聽，幫他整理，先說什麼、再說什麼、後說什

麼，讓他知道順序，然後來就會講，其實就是讓他們練習，讓他上台，讓他不怕上台講。

問：如何教認字？

答：有一個表，常用字表，我就說你們回去自己選十個查，自己去查，有時我會列幾個，這個一定要會，我先列在一張紙，比如說我列十個，學生說這學過了，我就刪掉，最後我列了十個，我覺得他們應該要會的字，最後可能只剩五個，那麼你自己再找五個我沒有找到的，有時候很簡單的字，我發現他們也沒有學過，所以我也不知道他們以前學過多少字，有時候到高年級，我們用這種方式，相對他們也沒有所謂生字，就算是一般學校，康軒版有生字，可是有多少生字他們都不會，非常多，而且學生會有疑問，每一個年級版本換來換去，已經亂掉，所以就跟他們講說，只要你看到不認識的字就是生字，學生就沒有疑問了。學生很能接受，他們有一個常用字表，他們將所有文章報紙，日常生活，電視新聞，常看閱讀到的，他們去整理，他的方式，在練習前可能規定學生應該學到多少生字，可能打勾知道他們已經認識多少字，從平常生活中，他去看到的東西太多了，讀文章的時候我發現他們讀到一些字就是不會讀，一個字都不會讀，可是我無所謂，立刻教他們讀，平常我們閱讀，也常遇到一些不懂的字，就是給他們觀念，不懂就去查，那就是生字，不是老師規定的字才叫生字，才是我要學的，自己就要練習，因為你不懂，有些別人懂了，你就要去學，要很強力跟他們講這些觀念。

問：觀點非常不一樣，可能不僅教學生生字，教的是一種觀念？

答：那是對他態度上是有幫助的，是比較培養他們主動學習的觀念，可是不是那麼容易教啦，要去推，要去盯，有些人比較乖，學生的個性類型太多了，所以一個東西下去，每一個呈現出來的程度都不一樣，有的 20 分，有的 30 分，有的 100 分，我會比較在意觀念的東西，有些觀念是學生給你的，他們很直接表現說：為什麼這樣子。

問：那特殊生他們閱讀的方法有辦法自己一個人嗎？

答：特殊生要看狀況，有的學生可以，就是看他的能力嘛，那有些學生像我那時候帶大組的，我的方式就是讓他們幾個人一起共讀，因為普通生像三年級的

學生有一些已經可以自己看小說，像他們《哈利波特》都不知道已經看幾次了，像什麼《魔戒》阿，他們最愛看了……字很小又很厚，他們照樣看，所以我就那一段時間的話就讓他們自由閱讀。特殊孩子的話，因為是大組，所以他們的程度也不至於太差，就是如果有注音的話，他們還是可以讀，所以我那時候就會把三個學生，集在一起，挑一本故事書我讀一段，讓他們三個輪流讀，把那個故事書讀完，之後那個故事書後面有問幾個問題，我就請他們唸題目，然後輪流回答。那我大概抓一下就是……他了解了沒有，有的學生就比較能夠自己了解，他自己了解之後回去寫，知道的寫下來。有的學生不擅長寫，但是他會畫，像小強就滿會畫的，他有時候不願意寫，有時候就願意寫，就是看他當天的情緒怎麼樣，我就說……不然你就把剛剛看到的……他可能不會做總括性的回想，就抓其中一個問題，他會把答案告訴我，我會跟他說：那你去把那一個畫下來，或者是把那個寫出來。他們有的願意去做，特殊生就是這樣子，能力更差、更低的學生可能就是會是唸故事給他聽，他如果自己會唸，就請他唸給我們聽，然後讓他看圖說故事，我是從這裡慢慢帶上來。

問：那他怎麼學得會識字呢？在這種情況下？

答：他家教很緊很嚴，他父母從小就發現，他識字能力是天生，識字能力就滿不錯的，聽他們說，他從一年級進來，就已經比一般普通的學生識很多字了，平常一大串從頭到尾都自己讀，他最喜歡讀書，翻書，他有某一類很喜歡的書，他很喜歡看字，看那裡面在寫什麼，隨便他看到一個通知單，他一定要去讀，沒有讀他就不能離開，一定要去讀完裡面的內容，知道這是在幹嘛，報紙他也很喜歡讀，他的能力滿不錯的，他不是屬於各方面都比較低落的，他有某部分能力很強，像他認識交通，他可以知道所有的站，幾點幾分有什麼火車，幾點出發啊，他好像滿清楚的，高速公路中間經過哪幾個收費站，先經過什麼收費站，再經過哪些收費站，要經過哪些交流道，他只要去過，他都認識。

問：我以為注意力不集中，這些都沒有辦法學起來？

答：其實很多學生很聰明，或是思考能力很好，一般學生裡面，也有那種注意力很不集中，可是他的能力有，只是說在注意力方面比較不行，像他其實可以

一對一，只是在團體裡面他沒有辦法要求，一般學生會專心聽老師在講什麼，可是他會覺得這不關他的事，一對一教他，他可以非常專注，一對一你盯著他做，你盯著他告訴他現在要做什麼事情，盯著他一個一個做，一步一步做，他會很專心，從小他爸爸媽媽教他寫字也是，他寫字有時你會完全看不出來他在寫什麼字，筆畫湊在一起，你會發現他怎麼可以把字學起來，他寫字滿漂亮的，只是他不記得字。

問：不記得字？

答：就是不記得怎麼寫這個字，他認得這個字，會唸，但是你要他完全不看，你講一句話，要他把這些字寫下來，他會記不起來，有幾個字很常用的會寫，可是沒有辦法每個字都會寫，我們班很多個學生都是這個問題，小婷也是都會讀，認字非常多，讀得很順，可是字的筆畫太複雜了，會搞混，也記不起來。我們，「我」常寫，「們」要有個門，或是要有個人字旁，就想不起來，太多字了，有些字是搞混，有些是比較不常寫，但是看到他們都認得，都會讀，文章理解還不是太難，因為看得懂。

問：聽、說、讀、寫，寫是最困難的？

答：就是要寫的部分，或是要寫作，自己說的話，小聰比他們好，小聰除了會讀寫，大部分自己的問題都會寫。

問：如何教閱讀？

答：用小組的方式閱讀，有四篇文章，這個小組先唸這篇，每個人都一本書，第二小組唸這篇，第三小組唸那篇，有的組裡面有特殊孩子，特殊孩子要唸出來，普通生自己看就可以看得懂，不用讀出來，可是特殊生不行，自己看不知道跳到哪裡去，像小強還是小聰會亂跳，我會要求那個小組要小聲的唸出來，一人輪流唸一段，他就會聽別人唸，我當然會選同學在旁邊協助，他就比較知道聽別人讀，指著讀，輪到他的時候，他要自己讀，他們那組就會自己協調好，他讀第一段，他讀第二段，每一組讀完之後，給老師一個手勢，暗示說那組都讀完了，讀完了就可以看那本書的其他文章，就是等其他組讀完，4 組都給我暗示之後，知道四組都讀完了，我就說換，他們就換另外一組，讀第二篇文章，就是把書換到那一組，原本是要讓他們換座位，書放在

桌子上，像圖書館一樣，換到那個區域，他們說老師我們換書好了，換座位比較累。

第10章

數學科教學調整

在融合的議題上，最關鍵的是確認普通班課程中哪些數學技能是最要緊且有意義的。數學課不論是使用何種教材或進行任何活動，皆應著重課程之實用性與趣味性，教師也要注意各相關單元中數學概念的連結，盡可能提供學生不同的教材、活動等，以維持其對學習的主動參與。

第一節　數學的要素

數學是課程中較抽象的部分，如何運用引導的技巧讓學生理解深奧的概念是非常重要的。首先要先了解為什麼要學習數學，根據國際數學教學協會（NCTM）在 2000 年所提出學習數學之原則與標準中，數學教學共有六項要素，內容如下：

1. 不管學生來自什麼樣的背景、具有什麼樣的能力，數學適合所有學生學習。

2. 數學和生活是相關的，數學學習是統整的，因此數學不能只教某些片段，要讓片段結合成一個整體，例如當你教 2 ＋ 2 ＝ 4 時，要和日常生活結合，所教的任何方程式、算式、應用題都要有機會用在實際生活，否則光會計算，不知道它代表的意思就沒意義。

3. 教師教學時要非常了解數學的內容，並了解學生在數學能力的限制，例如特殊生可能無法學習乘法及除法，還要知道如何運用學習策略來幫助學生學習數學。

4. 了解學習數學的目的，以助於問題解決、思考及推理。

5. 不斷地評量以了解學習的盲點。

6. 教數學的技巧如下：

(1) 要教先備的技巧、定義（例如加法的定義及概念）。

(2) 提供直接教學及引導教學的教學策略，在問題呈現及解決方面提供直接教學，使用圖表、教具，用提綱挈領的方式來介紹及引導相關的概念，讓學生能獨立作業、自我校正。

(3) 教導了解概念先於了解如何運算，了解學生如何獲得答案遠比只告訴學生答案來得重要，學生在學習任何內容時，最重要的是是否理解所教的內容，把問題用畫畫、數字或算式來呈現，以協助學生理解問題。

第二節　特殊生如何學數學

根據國際數學教學協會之建議，數學最重要的功能是教學生如何解決問題，對特殊生而言，則必須透過故事或是文字問題才能讓特殊生進入數學的情境解決問題，教師可將生活中常見的事物或圖片放在數學應用問題裡，以增進學生對數學的興趣。教學者須充分了解學生目前之優勢能力，教學內容盡可能安排實用的技能，例如買賣、分發、包裝、簡易理財、數字的辨認及配對等。

特殊生多半缺乏邏輯思考能力，因此數學科教學盡量採用操作的方法，例如教「找出形狀有幾個」這個單元，可讓學生玩積木遊戲，再讓學生算出用了多少積木、每種形狀的積木有幾個。如此，教學必可變得較為生動。教學不只是教師單向的講述，還包括與學生的互動，下列步驟將用來協助特殊生了解包含文字之數學問題：

1. 先讓學生學會簡單的式子運算（例如 1 ＋ 1 ＝ 2），再導入應用問題。

2. 安排一些有故事情節的應用問題，讓學生熟悉如何在故事的情境中作答。

3. 一次介紹一種型態的問題。

4. 教學生閱讀問題，並將問題視覺化，讓他們先讀一遍，再告訴他們問題的內容。

5. 要他們再讀一遍，讓他們看看如何解決。

6. 將重要問題找出來並寫下來。

7. 找出其他重要訊息中的問題。

8. 重新閱讀故事問題，再用數學式子來表達，教師需扮演引導的角色。

9. 用數學式子寫下題意，並算出答案解答。

10. 再讀一次題目，以確定是否正確地回答問題。

11. 問學生如何算出答案，討論誰的答案較正確。

　　一般而言，學生先從具體的向度來學習，因此教學需先從具體的實物來呈現，如果學生已能看得懂圖片，就可進入半具體的階段，使用圖示的方法，例如用畫圈圈或畫線的方式來呈現，當學生已能了解半具體的方式，再要求其用抽象的方式，例如用數學式子來呈現。這裡所說的具體、半具體及抽象的例子如下：

　　具體：使用物品（例如積木）。

　　半具體：使用圖片或畫圈（將量以圖來表示，例如三顆糖果用三個圈圈來表示）。

　　抽象：能使用數字。

　　如何運用上述具體、半具體及抽象的方式來解題，可詳見下列的例子：

　　例：小明每天從他的撲滿拿兩塊錢當他的零用錢，請問 10 天後，他從撲滿拿了多少錢？

　　　　1. 具體階段：將每天的兩塊錢零用錢銅板放在每天的格子中，累積至第 10 天，再將所有銅板數一數就知道共拿了多少錢。

天	1	2	3	4	5	6	7	8	9	10
錢	○○	○○	○○	○○	○○	○○	○○	○○	○○	○○

　　　　2. 半具體階段：

　　　　　(1) 將每天的零用錢使用銅板或用畫圈的方式表示。

　　　　　(2) 先數每天的零用錢，並用數字累加。

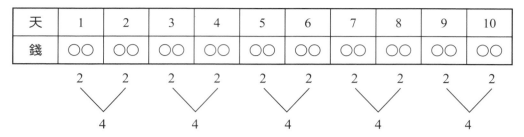

3. 抽象階段：使用乘式來解題。

$$2 \times 10 = 20$$

　　此外，特殊生也可透過操作學習複雜的數學概念，即使是像代數這種較抽象的概念，也可使用具體的方式來呈現複雜的概念，因此特殊生也可以學習代數。以下將利用「操作」的方式，讓特殊生能解含一個未知數的代數方程式：3a + 2a + 5 = 20。在這個方程式中，a 為未知數，未知數對特殊生而言是一個抽象的概念，因此，可以教特殊生用紙盤代替「a」。在這個算式中，3a 是以三個盤子表示，2a 以兩個盤子表示。

　　當 a 以盤子代替，就可以將盤子加起來，也就是將變數加起來，因此，算式左邊有 5a 或 5 個盤子，原來的算式就變成 5a + 5 = 20。這時，請學生將 5 個盤子排成一列，上面放雪花片或豆子。

　　接著將豆子和數學運算的符號（＋－×÷）帶入算式中，將原本的算式放在上排，下排則放 5 個盤子，再在 5 個盤子旁邊放上「＋」號，「＋」號的旁邊放上 5 顆豆子，代表「＋5」，再放上「＝」及 20 顆豆子。如此就可將算式具體化。

　　另一個方法是教學生將抽象的代數方程式想成放在天秤或蹺蹺板上，在等號或天平兩邊的數值必須是等值的或一樣重的。要算出未知數，要將變數留在等號的左邊，數字留在右側。因此，我們將「5」由左側移到右側。但是，這樣會使天秤或蹺蹺板往右側傾斜（因為左側減輕了些重量），因此必須將右側也拿掉「5」。

　　將代數方程式（3a + 2a + 5 = 20）放在天秤上，將等號兩邊的數放在天平兩側，視覺化等號的兩側數值或重量相同。

$$3a + 2a + 5 = 20$$

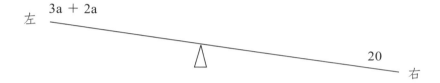

左　　　　　　　　　　　　　　　　　　　右

當把 5 顆豆子從左邊拿掉，左邊就比右邊輕了 5 顆豆子的重量。現在天秤就呈現不平衡的狀態。右邊比左邊重。

左　$3a + 2a$

　　　　　　　　　　　　　　　　　　　20

　　　　　　　　　　　　　　　　　　　　　右

要保持平衡狀態，也要把右邊的豆子拿走 5 顆才能回復平衡。

左　$5a$　　　　　　　　　　　　　　　15　右

　一般普通生可以在腦海裡浮現具象的過程，但對於有數學障礙的學生來說，可能必須透過具體的操作，才能了解式子代表的意義，讓他們實際操作豆子和盤子，會幫助學生將問題具體化，也可讓學生看到並了解問題解決的過程。在本例中，一元一次方程式可以變成一個除法的應用問題：「5 個盤子的豆子加上 5 顆豆子等於 20 顆豆子，那每個盤子裝了幾顆豆子？」

畫出 $5a + 5 = 20$。

步驟一：畫出 $5a$。用圓圈代表變數 a（$3a + 2a$ 變成 5 個圓圈，每一個圓圈代表一個 a）。

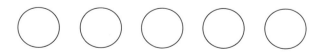

步驟二：畫出「＋5」＝20。用橫線代表10以下的數字，5條橫線代表5，直線代表十位數，兩條直線代表20。

步驟三：畫出 $5a + 5 = 20$。等號左邊用5個圓圈代表 $5a$，5條橫線代表5，等號右邊用一條直線（等於10條橫線）及10條橫線代表20，接著去除等號左邊的5條橫線，同時也去除等號右邊5條橫線。

步驟四：當等號左邊及右邊都去除五條橫線後，左邊剩下5個圓圈，右邊剩下1條直線及5條橫線，共「15」條橫線代表15。

步驟五：將右邊的數值平均分到左邊，將「15」條橫線畫入圓圈中。

步驟六：在每個圓圈中，有3條線。所以，可以得到「$a = 3$」。

　　也就是要將 15 除以 5，以算出 a 的數值，可得到「a ＝ 3」。如果學生不會除法，還可以用更具體的方式，讓學生在 5 個盤子上放豆子，每個盤子要放一樣多的豆子，放好後再加上 5 顆豆子總數要等於 20，這樣就成為一個「數一數」的問題。因要算出一個「a」的值，學生可以計算一個盤子中的數量，會得到 a ＝ 3。

第三節　數學科調整範例

　　小鈴老師是一位國小老師，班上共有 24 位學生，其中男生 10 位、女生 14 位，年齡範圍從六歲到九歲不等。班上學生中，有兩位為資優學生，有五位須接受特殊教育服務。其中，有三位為學習障礙；一位為腦性麻痺伴隨中度智能障礙；一位為注意力缺陷過動症。

　　以數學課為例，小鈴老師希望能增進班上學生社會互動及領導技巧，因此在課程中安排小組合作學習活動。希望藉由合作學習，讓融合班的學生學習輪流、傾聽、回應，並使同儕間有正向的互動。

　　除此之外，小鈴老師也針對課程內容予以調整。學期中有一單元主題為「時間概念」。小鈴老師將課程目標選定為「能以秒、分、小時為單位報時」及「解決與時間有關的問題」。小鈴老師參考學生個別程度進行多層次教學活動，例如中度智能障礙學生的 IEP 中，在這個單元主題中設計諸如對應數字 1 到 20、輪流、手腕旋轉技能（開門、開鎖）的目標。

　　另一位數學學習障礙學生的 IEP 目標則為：能正確數數到百、指認數字 1 到 50，上課時，則將報時的課程簡化，以符合他的數字能力，而在活動流程方面，小鈴老師也做了調整，她採用角落教學及多層次教學，將設計的活動依程度編號。這些活動有些是學生必須完成的，有些則是讓學生自行選擇，也會設計與同儕互動的活動，例如每位學生都有幾張待完成的工作卡，上面列出需完成的工作。活動中，那位中度智能障礙的學生和坐在他兩旁的同學為一組，每個人交出自己的工作卡，混合洗牌後，將卡片堆高排成一列，排在最上面的工作卡是誰的，誰就需將該項工作完成。普通生可為特殊生讀出工作卡上的內容，並與特殊生一起完成工作。例如一位特殊生須轉動時鐘上的分針，當他停止時，普通生則要讀出時間為幾點幾分幾秒。同時，特殊生也需指出正確的數字卡。

　　為了讓教學能符合普通生及特殊生的需求，調查融合班教師做了哪些教學安排，範例如表 10-1：

表 10-1　融合班數學科教學安排

特殊安排	項目		三年級	四年級	五年級	六年級	備註
數學日記或故事	配合單元一週次數		√			√	
	未配合單元次數						
	獎勵方式	物質獎勵			√		
		社會性獎勵	√		√	√	
		其他（作業簿）					
回家作業	多久指定一次？		每天	每週三次	1～2天	課後每週三節	
	普通生作業內容	以課本習作為主	√	√	√	√	
		單張作業單	√	√	√		
		其他（作業簿）				√	
	特殊生作業內容	和普通生一樣，但請家長協助完成		√	√		
		和普通生一樣，但做多少算多少，量力而為			√	√	
		和普通生一樣，但降低份量		√	√		
		另外出	√	√		√	
		其他（目標評量）		√			
	評分方式	等第			√	√	
		分數			√		
		其他（蓋章、貼紙）	√			√	
	獎勵方式	物質獎勵		√	√	√	
		社會性獎勵	√	√	√	√	
		其他（獨立個體、口頭鼓勵、和自己比較）		√			

表 10-1　融合班數學科教學安排（續）

特殊安排	項目		三年級	四年級	五年級	六年級	備註
評量	普通生評量內容	以紙筆測驗為主	√	√	√	√	
		以實作評量		√	√		
		過關遊戲為主		√			
		其他（口頭說明）			√		
	特殊生評量內容	和普通生主題一樣，但降低難度		√	√	√	
		和普通生主題一樣，但以實作評量為主		√	√		
		另外出	√	√	√	√	
		以檔案評量		√		√	
		其他					
	評分方式	等第		√	√		
		分數	√	√	√	√	
		其他		√			
	獎勵方式	物質獎勵			√		
		社會性獎勵	√	√	√	√	
		其他					
題庫	配合單元一週次數			1			
	未配合單元				√	√	
遊戲數學／合作解題	配合單元一週次數		2～3	√	2～3		
	未配合單元			1			

表 10-1　融合班數學科教學安排（續）

特殊安排	項目		三年級	四年級	五年級	六年級	備註
學習單	每一課特殊生學習單數量		不一定	1			
	每一課普通生學習單數量		不一定				
	使用方式	引起動機			√		
		發展活動	√	√	√		
		綜合活動		√	√		
		其他（配合學習狀況）				√	
	有考量特殊生需求			√	√	√	
	獎勵方式	物質獎勵					
		社會性獎勵	√	√	√	√	
		其他		√		課前10分鐘計算練習	
	其他（課前10分鐘之計算練習）。						

第四節　數學課調整教學教案

調整的方式為找機會將特殊生的教學目標插入教學流程中，並在教學目標上標記為特殊生目標（用「特」代表），表 10-2 以一年級數學科教案為例。

表 10-2　一年級數學科教學教案

材料	教學活動	教學目標	時間	特1	特2	特3	特4	普
一個真實鐘、無長短針鐘面兩個	一、準備活動：引起動機 　1. 請學生看時鐘告訴老師長、短針各指到哪，老師做記錄。 　2. 進行下一個記錄時間的活動，讓學生知道長短針會因為時間的流逝而旋轉。	• 會辨別長短針。 • 會說長針指到哪。 • 會說短針指到哪。 • 會發現長短針指的數字一直在改變。 • 會將時鐘內 12 個數字與數字配對（特）。	5分	 √	√ √ √ √	√ √ √ √	√ √ √ √	√ √ √
大、小型教具鐘	二、發展活動：能報讀並撥出幾點半 　1. 將教具鐘的長針指到 12，短針指到 1，問學生幾點鐘？ 　2. 一點的時候，數字鐘上面寫什麼字？在黑板上畫出空格：＿＿：＿＿讓學生填空。 　3. 請學生用教具鐘撥一點鐘。 　4. 老師把長針轉到 12，短針轉到 2，問學生幾點鐘？ 　5. 請學生撥兩點鐘。 （重複步驟 1 至 5）	• 能答出一點鐘。 • 能說長針指到 12，短針指到 1（特）。 • 能看著數字鐘說出一點鐘。 • 能填寫數字鐘的型式。 • 會撥一點鐘。 • 會撥數字鐘 1：00（特）。 • 會用短針撥整點（特）。 • 會答兩點鐘。 • 會說長針指到 12，短針指到 2（特）。 • 會撥時鐘兩點鐘。 • 會撥數字鐘 2：00。 • 會撥動時鐘（特）。	15分	√ φ √ √ √ √	√ √ √ φ √ √ √ φ √	√ √ √ φ √ √ φ √	√ √ √ √ √ √	√ √ √ √ √ √

評量標準：√ 獨立完成，○ 獨力完成一部分，φ 需要協助。

第五節　教師訪談

問：您上數學課的時候，如何符合及兼顧特殊生及普通生的需求？

答：目標要先清楚，就是這堂課教師設計的目標。特殊生沒有辦法像普通生一樣每個目標都去達成，在這個活動裡面他能夠達到幾個目標，也就是教師在設計這個活動裡面，他盡量能夠參與。

問：數學課如何針對特殊生做課程調整？

答：要看每個學生的狀況，有的學生一堂課專注時間只有 10 分鐘，就要設計 10 分鐘的課程給他。有些時間短、有些時間長。例如上乘法時，連加法都不會的學生，在課程中就要包含他們可以學的東西，要了解學生目前需要的東西。課程已經有調整，再加上一些上課的方式，讓學生有參與的機會。

問：在小組裡特殊生學習的時間會不會多一點？在大組裡會不會學的都是普通生的東西，學習的時間相對比較少？

答：不一定到小組時間就比較多，到大組時間就比較少。如果學生的專注力只有五分鐘，到大組是五分鐘，在小組一樣只是五分鐘，可能和孩子的狀況還有他目前的能力有關係，不一定是大組、小組的關係，很難說學生這堂課可以專注幾分鐘，還有一學期的數學 12 個單元，不一定是所有單元都能參與很多，也許這 12 個單元裡面有某些單元很容易參與，有些單元參與的程度就沒有那麼多，這不一定。

問：課程調整除了內容的調整還會有哪些調整？例如會不會特別設計教具？

答：三年級在上「時間」這個單元時，例如 3 月 12 日到 4 月 1 日經過多少天，教師會舉一個實際活動讓學生去算。普通生不需要用月曆，但特殊生要，因為他可以在月曆上做，這種方式是實作，而普通生是用運算，一個月幾天，扣掉幾天，利用加減去算。普通生操作五題，特殊生就操作二到三題，減少題目、降低難度、給予教具，然後還有安排普通生教他們。分組的時候，這就是課程調整，課程調整有很多種，不一定同時都用，有時一堂課調整一樣就好，也許教具只給月曆，也許是調整題目難度，同樣的作業單，每人一

張，但是他的題目就是變簡單了。這有很多種狀況，就是學生的程度、還有跟上課內容有關，沒有一定是怎麼做，只是有這幾種可能的做法。

問：老師比較常運用到的數學資源是什麼？

答：會先看大概會教哪個單元，就把那些單元的教具先借下來，課本上有很多東西是可以看的就知道了，可以只要補充那個課本的東西。特殊生的部分會參考一些市面上做得很好玩的東西，類似遊戲本或是一些教材。由於數學方面台灣其實滿少的，所以把國小課程有在目前市面上的大多都買了下來，然後再做分類，教學時就大概知道哪些學生適合哪些遊戲。

問：分數的觀念對特殊生會不會很難？

答：因為有教具可以操作所以不會很難。

問：有沒有特殊生比較難接受、難理解的？

答：推理的部分特殊生比較沒有辦法參與，碰到這種狀況，他不能參與的時候，有時會給他們作業單。

問：老師在課程調整上，是不是要比較花時間在數學上？

答：數學的話的確是需要的。

問：需要常常在課堂中請特殊生發表嗎？

答：不用刻意讓每個人發表機會一樣，如果是一直請特殊生發表意見就太刻意了。

問：在課程上要運用哪些方法讓特殊生學到老師要他達到的目標？

答：會針對特殊生的學習方式調整，像班上某個自閉症的孩子，他的學習方式比較像是圖像視覺上，較排斥聽覺學習。教師因為注意到他的習性，所以在上課時會利用白板寫比較多文字的東西。或者是像另一個特殊生，他在聽覺上比較不好，教師講話時嘴巴就要張得很明顯，讓他看得清楚老師在說什麼；或是白板上多一點視覺的東西，讓學生知道現在在做什麼，這就是比較特殊的地方。

問：對五年級而言，會不會有學生開始慢慢覺得數學是所有科目裡面算偏難的？

答：不一定是五年級題目程度比較難，有可能和學生之前的經驗有關。像某班三年級的學生，他們對數學不會有恐懼和排斥，他們不會覺得數學很難，可能是教師在一、二年級給的經驗，讓學生覺得這也不是一件很難的事情，所以不會排斥，甚至也有好幾個學生覺得上數學課很有趣，他們可以去想一些事情，討論一些事情。可是在五年級，也許是之前的經驗，讓他覺得數學是很恐怖的一件事情，會有一種害怕的心理，所以可能是和個人之前經驗影響的因素是比較大，倒不一定是數學到五年級就比較難。

第 **11** 章
社會及自然科教學調整

McCoy（2005）認為教導社會科是很重要的，目的是讓學生可成為優質的公民，並且了解他們居住的世界。他亦建議以合作學習團體進行社會科教學，與其他不同能力的學生一起工作學習。有些學生可能會對一些重要的社會知識概念感到困難，困難包括：

1. 不了解世界事件與生命的關聯。
2. 不了解外地的人與地。
3. 不了解有哪些國家。
4. 不了解與自己不同外觀、價值觀及文化的人。
5. 不了解環境對生命的影響。
6. 不知道世界發生的問題。

第一節　社會科重點

社會科可分為以下幾個重點：

一、認識地圖

　　閱讀地圖須依賴視覺技能，對視覺能力較差的學生須給予調整，例如學生可自行使用符號與其空間中位置的關聯，教師可協助設計觸覺清單並協助學生在地圖上移動、探索。例如尋找購物中心、解釋購物中心為商業活動地，並將地圖上幾個鄰近購物中心的地點在地圖上予以標記，比較何者離學校較近。舉辦校外教學，到附近的購物中心讓學生採買物品，並列表比較高低差價。指導學生從坐標地圖中找出交通中心點並標記，例如火車站或公車站等，將地址的郵遞區碼及電話區域碼標記在地圖上。

二、認識法律

　　向學生解釋常用的法律。

三、環境議題

　　可透過跨年級戶外教學活動，讓學生計畫一次出遊，學生需詳細描述戶外教學資訊並說明為何決定此地點與行程，並與班上同學分享。選擇一個環境問題，例如擁擠，讓學生討論如何在很擁擠的環境生活，解決人滿為患的問題，假如有一艘救生艇只能容納有限人數時，哪些人可以坐救生艇逃生，最需要哪些職業的人（例如律師、醫師、科學家、建築師、農夫、老師、銀行家、學生）留下來。設計一個類似諾亞方舟的活動，畫出救生艇，假如需要驅除兩人時，討論淘汰對象及解釋為何他們必須被淘汰，將討論結果透過畫圖或展示並解說。

四、政府議題

　　請學生扮演兩方政黨——執政黨及在野黨，針對特定議題雙方列出意見並討論兩者差異，或蒐集各層級政府部門照片和名稱，並依據各部門工作內容分類。

五、地理與人文

　　讓學生透過網路資訊一同認識地理與人文，分析地理與城市的關係並做出結論。以下表 11-1 以國中地理課認識聚落與都市為題，介紹地理科教學計畫。

表 11-1　國中地理科教學計畫

單元名稱	聚落與都市化	授課班級	一年 8 班	人數	21 人
教材來源	國中　認識台灣地理篇	授課老師	林老師	時間	90 分
教材分析	1. 認識「聚落」 2. 認識台灣的鄉村聚落 3. 認識台灣的都市聚落 4. 了解「都市化」與都市問題 5. 認識台灣的都會區				
學生學習條件之分析	1. 普通生須具備認識台灣地理篇的基本知識：(1) 地形、(2) 氣候、(3) 水文、(4) 人口、(5) 農業、(6) 工業、(7) 商業 2. 特殊生參與教學學習和普通生一起合作				
教學方法	講述教學及引導思考				
教學資源	海報、模型、音響、CD				

教學活動	教學資源	教學目標	評量
一、準備活動 (一)課前準備 　1. 教師熟悉、分析教材並蒐集相關資料。 　2. 教師指導學生複習先前學習過的基本概念。 　3. 教師指導學生預習本課課文。 　4. 教師準備鄉村與都市的海報，及小房屋模型。 　5. 教師準備音響與「孤女的願望」CD。 　6. 教師製作「認識新竹次都會區」的學習單。			

表 11-1　國中地理科教學計畫（續）

教學活動	教學資源	教學目標	評量
（二）引起動機 　1. 將鄉村與都市的海報張貼於黑板。 　2. 引導學生觀察海報內的景物。 　3. 請學生決定想居住的地點，並上台張貼小房屋模型。 　4. 帶領學生觀察房屋的分布。 　5. 帶出「聚落」的定義。 　6. 引出集村與散村的聚落景觀。 　7. 引導學生思考人口集中都市的原因。 　8. 引導學生思考人們選擇鄉村居住的原因。 二、發展活動 （一）出示本課研究問題，如單元目標所示 　1. 認識「聚落」：引導學生了解鄉村聚落與都市聚落的景觀差異。 　2. 認識台灣的鄉村聚落：分辨集村與散村的景觀差異，並了解優、缺點及形成原因。 　3. 認識台灣的都市聚落：了解都市形成的優越條件及產業人口特徵。 　4. 了解「都市化」與都市問題：認識都市化的原因，以及都市化後所產生的都市問題。 　5. 認識台灣的都會區：了解郊區及衛星市鎮的差異，並認識台灣的三大都會區。 （二）觀察、討論、報告 　1. 認識「聚落」 　　(1) 問：什麼是聚落？ 　　(2) 聚落按照建築物的高度、居民的人數及職業結構可分為「鄉村聚落」與「都市聚落」兩種類型。 　　(3) 比較鄉村聚落與都市聚落的差異。	課本、鄉村與都市的海報、小房屋模型、習作 繪圖比較	 1. 說出聚落的定義 2. 說出聚落的兩種類型 3. 辨別鄉村聚落與都市聚落的差異	

表 11-1　國中地理科教學計畫（續）

教學活動	教學資源	教學目標	評量
鄉村聚落與都市聚落之比較 （表格） 		鄉村	都市
建築高度	較低	較高
人口數量	少	多
人口密度	小	大
主要產業	第一級	二、三級 | (4) 請學生依據課本圖 12-1 指出鄉村聚落，並說出該聚落的居民主要是以何種產業活動維生。 (5) 請學生依據課本圖 12-1 指出都市聚落，並說出該聚落的居民主要是以何種產業活動維生。 2. 認識台灣的鄉村聚落 (1) 問：鄉村聚落依照房屋聚集的程度可分哪兩個類型？（集村和散村） (2) 問：集村是指房屋聚集的程度較如何？（較密集） (3) 問：散村呢？（較分散） (4) 問：請想一想，如果你住在集村裡，會有什麼優、缺點？ (5) 問：請想一想，如果你住在散村裡，會有什麼優、缺點？ (6) 讓學生歸納台灣集村與散村形成的原因。 ・地形——台灣北部多丘陵，故多散村。 ・水源——台灣北部四季有雨，水源充足，故多散村；南部夏雨冬乾，需合力鑿井，故多集村。	表格 習作活動一	4. 依據課本圖 12-1，指出鄉村聚落 5. 依據課本圖 12-1，指出都市聚落 6. 說出鄉村聚落的兩種型態 7. 描述集村景觀上的特色 8. 描述散村景觀上的特色 9. 列舉集村的優、缺點 10. 列舉散村的優、缺點 11. 歸納台灣集村與散村形成的可能原因	

表 11-1　國中地理科教學計畫（續）

教學活動	教學資源	教學目標	評量
• 開墾制度——早期來台的漢人主要集中在南台灣，因為是集體開墾，故多集村；北部較晚開發，地廣人稀，由大地主分租給佃農開墾，佃農在各自的田地上築屋居住，形成散村；宜蘭最晚開發，人生地不熟，採集體開墾方式，為集村。 • 開挖礦產——九份、金瓜石的淘金熱曾經吸引的大批人潮移入，形成山間小集村。 3. 認識台灣的都市聚落 　(1) 請學生找到課本 87 頁第一行，說出集村能發展成為都市的優越條件。 　　（資源豐富、交通便利、地形平坦……補充政策因素，如國家首都） 　(2) 問：什麼是都市？ 　　都市須具備的條件—— 　　• 人數須達到某個標準，各國有不同的定義。如美國是 2,500 人，加拿大是 1,000 人，印度是 5,000 人，台灣地狹人稠，人數需萬人以上才稱作都市。 　　• 居民職業以二、三級產業為主。 　☆都市是以行政區範圍界定，市中心的人口較多，離市中心愈遠，人口愈少。 　(3) 請學生翻到課本 87 頁，觀察活動二所提供的聚落分布圖。 　　問：這五個集村分別位在什麼地方？ 　　問：哪些集村最有可能發展成都市？ 　　問：請歸納出都市的區位條件有哪些？ 　　　　（交通便利、地形平坦）	板書整理 習作活動二	12. 指出集村發展成都市的優越條件 13. 說出「都市」的定義 14. 歸納都市的區位條件	

表 11-1　國中地理科教學計畫（續）

教學活動	教學資源	教學目標	評量
4. 了解「都市化」與都市問題 　(1) 問：大家已經知道聚落分為鄉村和都市兩種，那麼鄉村的人會不會想要搬到都市去呢？（會） 　　我們把人口由鄉村向都市集中的過程稱為「都市化」。 　(2) 聆聽「孤女的願望」，並說出曲中人所代表的早期台灣人口移動之情形。（鄉村→都市） 　(3) 問：住在鄉村的人為什麼要搬到都市去呢？（都市工作機會較多、收入較高） 　(4) 請學生完成活動二的曲線圖，並說出鄉村與都市的人口變化趨勢。 　　（都市人口在民國 60 年以後開始超越鄉村人口，跟工業化有關） 　(5) 人口不斷地由鄉村移往都市，都市的人口愈多，則該國的「都市化程度」愈高。（舉例說明公式：都市化程度＝都市人口÷全國總人口）	習作活動三 公式整理	15. 說出「都市化」的定義 16. 由「孤女的願望」一曲中，說出人口的移動情形 17. 指出鄉村人口移往都市的原因 18. 根據課本表 12-1 台灣歷年鄉村和都市人口比例，能在習作圖 12-1 畫出鄉村與都市人口的變化曲線 19. 找出歷年鄉村與都市人口的變化趨勢 20. 依據課本表 12-1，說出台灣歷年來鄉村與都市人口的變化趨勢 21. 能和同學討論造成人口移動的原因 22. 說出「都市化程度」的定義	

表 11-1　國中地理科教學計畫（續）

教學活動	教學資源	教學目標	評量
(6) 問：居住在都市的人口愈來愈多，會不會造成什麼問題？ （交通擁擠、公共設施不足、垃圾與噪音汙染……） (7) 問：該如何解決都市的問題？ （既然問題是因人口過度集中而起，最好的方法就是分散居住在都市中心的人口）		23. 列舉都市化後所產生的都市問題 24. 提出解決都市問題的方法	
5. 認識台灣的都會區 　都市化之後，都市湧進了許多二、三級產業人口，都市變得更繁榮，但生活品質變差了，地價也被哄抬。 (1) 都市人口開始遷離市中心區，往市區外圍居住，許多工廠也隨著市區地價抬高而搬至市區外圍或附近市鎮。（市區外圍即是郊區） (2) 都市愈繁榮，便會吸引愈多的鄉村人口移入都市，加入二、三級產業的行列，但此時都市及郊區的居住空間已漸趨飽和，於是新移入的鄉村人口選擇了大都市鄰近的市鎮居住，再通勤到都市工作，使大都市與周圍市鎮的關係密切了起來。 (3) 都市周圍的市鎮因為人潮與工廠移入而刺激了當地的工、商業發展。 (4) 上、下班的尖峰時段，大批的通勤人潮使得都市與周圍市鎮間的交通壅塞不堪，於是便出現大眾運輸系統，讓都市與鄰近市鎮更密不可分。都會區如何形成？ (5) 最後都市與鄰近市鎮幾乎同步發展，連成一體，形成「都會區」，環繞都市的市鎮即稱「衛星市鎮」。	畫示意圖	25. 說出都市化後，都市人口的移動情形 26. 列舉都市人口移往郊區的原因 27. 說出「郊區」的定義 28. 說出都會區的形成 29. 說出「衛星市鎮」的定義	

表 11-1　國中地理科教學計畫（續）

教學活動	教學資源	教學目標	評量
(6) 台灣三大都會區是台北、台中、高雄，發展到現在，台北都會區包括了台北市、新北市、桃園、中壢、基隆；台中都會區包括台中市、台中縣、彰化；高雄都會區包括高雄市、高雄縣、台南縣市。以台北都會區為例—— 問：大家應該都去過淡水，那麼淡水屬於台北市或是新北市？ 問：台北市出錢蓋的捷運為什麼會蓋到淡水？ （因為淡水屬於台北都會區的範圍，與台北市同步發展，所以會誤以為是台北市；而捷運是因有許多通勤人口到台北市工作或消費才興建）	海報	30. 指出淡水是屬於新北市	
(7) 那麼「郊區」和「衛星市鎮」有何不同呢？ 郊區與衛星市鎮的比較 |	居住空間	就業機會	自足性
郊區	多	少	低
衛星市鎮	多	多	高		表格	31. 比較「郊區」與「衛星市鎮」的不同	
(8) 請學生由台灣的行政分區圖中找到新竹市的位置，並塗上記號。 • 將新竹次都會區的衛星市鎮（竹北市、竹東鎮、寶山鄉、芎林鄉）塗上記號。 • 由提供的「新竹市聚落發展變遷圖」中，說出聚落發展的特徵，並推測出新竹次都會區形成的原因。（人口移入的拉力——科學園區）	海報、學習單	32. 說出新竹次都會區的範圍 33. 在台灣行政區圖中，找出新竹市的位置 34. 畫出新竹次都會區的範圍 35. 討論新竹次都會區形成的原因	

六、認識國家

設定不同國家主題，例如認識日本的習俗，安排符合日本習俗的教學活動，介紹日本新年文化，配合語文單元（世界各地華人過新年）、社會單元（尊重與感恩），除了認識在日本的華人如何生活，了解日本當地的文化，並從中學習如何尊重文化差異，也可要求學生先看日本的照片或影片，並說出所看到的情境中（例如京都）的特色，或分組用黏土製作立體模型地圖，還可探討下列重點：

1. 趁機讓學生了解國家的結構對社會的影響。
2. 要求學生蒐集報紙在上一週其他國家發生的事情：
    (1) 想像在一個不會說當地語言的國家旅行。
    (2) 小組討論迷路時如何找到返回飯店的方法，例如可以隨身帶著飯店資料或要學會說飯店的名稱。
3. 打破一成不變的思維：
    (1) 問學生本身對某國家的想法，例如提到日本的第一印象會想到什麼。
    (2) 討論那些想法相異的程度，讓學生調查何者正確。
    (3) 讓學生持續追蹤那些想法。

七、歷史事件

讓學生了解歷史事件發生的順序與發展，可使用電腦動畫或故事讓學生容易了解，具體的學習目標可以是溝通、社會互動、閱讀、做選擇、參與活動與適當操作地球儀，亦可藉此辨認，表達過去的事物所代表的涵義，做法為：

1. 個別或小組閱讀一個與主要的歷史事件有關的資料，例如二二八事件。
2. 找出影響他們未來及生活的事件，在白板上列成一個表，討論對生活有哪些影響。
3. 讓學生口頭報告，鼓勵其他人回饋。
4. 選擇幾個歷史事件交給學生去重新解釋，假如某些方面改變了，這個事件會是什麼情況，例如哥倫布、核子武器。
5. 將學生分組，讓他們選一個古代或近代歷史事件做角色扮演，製作簡單的

服裝和舞台道具。

八、文化的探究

1. 確立文化的本體：包括服裝、政府、宗教、教育、藝術、經濟、歷史、科技、社會。

   (1) 將班上學生分組，分成主流文化組及次文化組。

   (2) 分享並比較次文化與主流文化的相同相異處，讓學生做摘要、圈出特殊觀點。

   (3) 讓老師整合摘要及範例、展示圖表並讓學生複習文化的特徵。

   (4) 蒐集不同文化各式各樣的服裝圖片，討論穿同件衣服到不同國家會發生什麼事。

2. 文化交流：

   (1) 分兩組——埃及及非洲文化，每組代表一個文化。

   (2) 邀請他人加入。

   (3) 討論各組間不同的文化。

   (A) 埃及的生活：

   ・提供埃及和其附近的地圖，找出尼羅河。

   ・找出埃及的大城市，探討人們如何在埃及居住。

   ・金字塔：用黏土製作金字塔，寫出埃及人的金字塔裡應該有什麼、自己的金字塔裡又會放什麼。

   ・比較埃及跟其他地區的葬禮習俗。

   ・法老王的權力：說明古埃及法老王的權力最大，讓一個學生扮演法老王，其他人提出問題請他判決，事先要求法老王做不受歡迎的決定，比較法老王跟總統解決問題的方式，何者較民主及科學。

   (B) 非洲的生活：

   ・飢餓和饗宴：非洲食物不足。

   ・在午餐時刻，帶學生去餐廳「看」別人吃，討論感覺如何。

3. 教案：以過節文化為主題

(1) 重點：

- 了解各國不同的過節文化。
- 熟悉台灣過節文化。
- 藉由實際製作果凍的過程，學習分工合作。
- 藉由剪裁窗花的製作，讓學生了解圓與角的關係。

(2) 包含領域及重點：

- 語言──閱讀各國過節相關資料、重點整理、口頭報告。
- 邏輯數學──找出圓跟角搭配性，做出漂亮的窗花。
- 空間──留意並適當分配海報製作時的圖文版面位置。
- 肢體動覺──實際體驗攪拌可以增加溶解的速度。
- 人際關係──合作學習（小組組員共同製作海報）。
- 內省──小組之間的觀摩與學習、了解分工合作的重要性。

(3) 多層次學習目標：

重點	層次一目標（最高）	層次二目標	層次三目標
了解各國不同的過節文化。	能說出各國不同的過節文化。	了解各國因為背景不同而產生不同的過節文化。	能看圖說出各國不同的過節文化。
熟悉台灣過節文化。	能說出台灣過節文化。	了解台灣過節文化的故事。	能看圖說出台灣過節文化。
藉由實際製作果凍的過程，學習分工合作。	能知道整個製作流程並依照每個人不同能力分配不同工作。	能聽從指示獨自完成各項交付的工作。	能聽從指示跟其他人一同完成各項交付的工作。
藉由剪裁窗花的製作，讓學生了解圓與角的關係。	能在一定的空間內平均分配圓與角的圖形到每個位置。	能在一定的空間內設計圓與角的圖形。	能依照老師的圖形，利用工具完成窗花製作。

(4) 學習活動：

重點／活動	多層次策略	語文	邏輯數學	空間	肢體動覺	音樂	人際	內省
閱讀資料。	能力較好的學生自主閱讀並協助其他學生找出重點及整理。	閱讀並理解資料，找出重要標題。	依照順序排列次標題。		用筆在資料上畫重點。		團體合作，共同統整並分享資料。	
了解各國不同的節慶文化。	能力較好的學生可說明各國不同節慶文化的風俗民情。	能口頭報告海報內容。	有邏輯地排列所蒐集到的資料。	能在海報上配置文字及圖片的關係。			小組合作，查閱資料、協調分工內容並製作海報。	互相觀摩學習。
熟悉台灣節慶文化的故事。	能力較好的學生可依照每個人不同能力編排適合的角色。	能流暢地說出自己的台詞。		能在演戲的過程中抓準各個走位的位置。	能在演戲的過程中表演自己的角色。		小組討論分工內容。	互相觀摩學習。
藉由實際製作果凍的過程，學習分工合作。	能力較好的同學可依照每個人能力不同來分配適合的工作。	能說出如何可以增加溶解的速度。	可以讀出磅秤上的數字，並練習加法的應用。		能將均勻攪拌倒入鍋內的東西至完全溶解。		小組合作進行各項工作。	
藉由剪裁窗花的製作，讓學生了解圓與角的關係。			可以利用圓和角的搭配剪裁出不同的圖形。	能在固定大小的紙張上分配圓與角的位置。	能安全地使用工具來進行紙張的裁剪。			互相觀摩學習。

第二節　社會科教學調整策略

社會科強調人、事、物之間的關係，教學時除了教導社會科內容外，亦希望鼓勵學生蒐集資料、分析資料及透過分組產生社會互動。以新舊石器文化為例，闡述如何做到課程調整：

1. 讓學生了解重點：先介紹這一課涵蓋的重點，再找出課文中較具功能性的部分，例如歷史科「中國古文明的曙光」這一課可加強新舊石器的分別，並強調下列重點：

   (1) 介紹過去與現在的不同。

   (2) 介紹陶器及石器（新石器與舊石器）。

   (3) 介紹半坡文化：收割小麥。

   (4) 介紹食衣住行的改變。

2. 為每課的重點安排學習活動：透過活動讓學生能從複雜的內容中理出頭緒提綱挈領。以「中國古文明的曙光」為主題之活動安排如下：

   (1) 找出重點：重要的人與事。

   (2) 介紹時間先後：找出圖表、蒐集圖片（中國歷史朝代演進圖）。

   (3) 介紹相關影片「跨越時空的文明」中的三皇五帝及文章。

   (4) 介紹人：比較過去及現在的人不同（北京人、山頂洞人）。

   (5) 介紹物：比較過去及現在的器皿及製作方式不同。

   (6) 做一個表，讓學生依據圖回答問題。

「中國古文明的曙光」的合作學習教案如表 11-2。

表 11-2 社會科合作學習教案

主題	歷史：中國古文明的曙光	教學時間	90 分鐘
單元	單元九「遠古與夏商文明」	教學日期	4 月 8 日
教學者	李老師	教材來源	南一版國中社會（第二冊）

教學步驟	學習活動	教學目標	時間	教學資源
全班授課	1. 老師出示北京人與山頂洞人復原相片，要同學看看彼此，比較看看遠古人類和現代人類有什麼不一樣的地方，以說明遠古人類的外表特徵。 2. 老師說明遠古時代因為石器製作方式而分為新、舊石器時代。 3. 觀賞影片「中國考古發現」中遠古時代的片段，藉由影片介紹舊石器時代北京人和山頂洞人的文化成就。 4. 老師介紹新石器時代的文化，並出示相關圖片。 5. 進行【活動：小小考古學家】。	• 能說出遠古人類和現在人類有哪裡不同（普、特）。 • 能說出新舊石器時代是以石器製作方法的不同而劃分（普）。 • 能專心觀賞影片（特）。 • 能由照片指出舊石器時代的北京人和山頂洞人（特）。 • 能認識舊石器時代，史前人類的生活環境與文化特色（普）。 • 能認識新石器時代，史前人類的生活環境與文化特色（普）。 • 能在小組成員協助下貼上正確的圖片（特）。 • 能找出新舊石器時代新產生的文化（普）。	45 分	課本、影片「中國考古發現」、課本圖片power point檔、小小考古學家海報與字卡、習作

表 11-2　社會科合作學習教案（續）

教學步驟	學習活動	教學目標	時間	教學資源
	6. 欣賞「跨越時空的文明」中三皇五帝的影片。 7. 老師說明三皇神話傳說，強調神話傳說代表古代人類生活演進，顯示神話對歷史研究的重要性。	• 能了解燧人氏、有巢氏、伏羲氏、神農氏的神話傳說（普、特）。 • 能配對三皇與傳說的事蹟。		
分組學習	1. 各小組進行角色分派。 2. 老師發下討論題綱與說明學習任務： 　(1) 小組討論活動：「小小考古學家」的答案。 　(2) 比比看新石器與舊石器時代在食衣住行方面有什麼不同？把你們討論出來的寫下來。 　(3) 史前時代的人類沒有文字，想一想，他們彼此之間要如何溝通？與同組成員練習看看。 3. 小組討論時，老師提醒小組成員傾聽、發言的禮貌，以及教導特殊生以達到小組共同利益。	• 能與小組進行討論（特）。 • 能教導與協助同組特殊生學習討論內容（普）。 • 能比較出新舊石器時代人類的生活有何不同（普）。 • 能思考史前時代人類溝通的方式（普）。 • 能與同組成員模擬史前時代的人類溝通（普、特）。	20分	討論題綱、習作
小組發表	1. 教師帶領討論，請各組推派代表發言，各組代表針對小組討論出來的結果做精簡的報告。 2. 每次發言的報告員應輪流，特殊生可由同組同學協助報告。 3. 老師出一個題目（句子），兩個小組分別派人出來傳達題目的意思，但是兩方皆不可以用語言表達，看看哪邊猜得對。	• 能上台報告小組討論的結果（特、普）。 • 能夠配合同組成員比手劃腳表達意見（特）。	5分	

表 11-2　社會科合作學習教案（續）

教學步驟	學習活動	教學目標	時間	教學資源
團體歷程	1. 小組共同填寫小組團體歷程表。 2. 觀察員填寫觀察表。		5 分	小組團體歷程表、合作學習觀察表
實施評量	1. 學生進行個別評量。 2. 特殊生可由教師口述題目進行評量。 3. 評量單「甲」為特殊生使用，評量單「乙」為普通生使用。	• 能獨立完成評量單。	10 分	評量單
老師總結及學習表揚	1. 老師進行學習總結。 2. 學生交互批改評量單。 3. 小組表揚。		5 分	

第三節　社會科單元課程調整計畫

　　以移民為主題，闡述如何在融合式班級設計社會科課程調整計畫，並與其他科目連結，計畫內容包含教學重點、教學方法、課程目標及調整，其他社會科單元都可依照此模式進行課程調整計畫、社會科單元課程調整計畫表如表 11-3。

表 11-3　社會科單元調整計畫表

主題：移民

科目	重點	教學方法	課程目標	調整
社會	為什麼要移民	1. 蒐集相關資料。 2. 分享自己祖先來自哪裡。 3. 貼出和移民相關的字。 4. 給學生閱讀相關資料。 5. 延伸學生興趣（將相關圖書放在角落）。	了解移民去美國的原因。	1. 準備各種難度不同的書籍。 2. 兩個人一組一起閱讀。 3. 讓特殊生指認圖片。 4. 將目標改為語言目標。 5. 讓特殊生重複同學說的話。
語文	移民的歷史			1. 指出家人名字。 2. 在聽完課文或故事後畫圖或寫出和課文內容相關的一個一個句子。
數學（自然）	比較及測量	1. 分組合作。 2. 準備計算機。 3. 使用地圖。	比較移民時期及今日旅行的距離。	1. 在地圖上指出旅行的路線。 2. 說出及計算一天旅行的時間。 3. 閱讀地圖上的地名。 4. 拼美國地圖。 5. 認識數字。 6. 記錄數字。 7. 說出「尺」。

　　至於平時社會課每個單元針對特殊生如何做課程及作業調整以增進特殊生參與，紀錄表如表 11-4。

表 11-4　社會科課程及作業調整紀錄表

年級	課程目標	增進學生參與之上課安排	作業安排	哪些需要再調整
三	單元：學校學習 1. 能知道在學校學習的方式。 2. 能發表自己的想法。 3. 能欣賞別人的優點。 4. 能說出自己要再努力學習的項目。	1. 回答問題。 2. 小組討論。 3. 遊戲。	習作。	作業可再多變化。
四	單元：居住的城市 1. 認識這學期放假的國定假日。 2. 能製作回家路線圖。 3. 能說出所住的城市。 4. 能看地圖指出住的地方是北、中、南部。	1. 一個一般生帶一或兩個特殊生。 2. 先閱讀課文，普通生以口語方式解釋給特殊生聽。 3. 問問題（以小組競賽方式）。 4. 一般生可提示答案給特殊生（充分協助或合作之小組可加分）。 5. 若無法回答之特殊生，以指圖方式回答（先告知教他的普通生可以教他什麼內容）。	1. 較抽象之題目不用做。 2. 可請家長協助。 3. 給予不同的作業單—— 甲：一般生。 乙：較「甲」簡單。 丙：較具體、與其本身較相關之問題。	
五	單元：投資 1. 認識投資活動及投資的好處。 2. 了解生產活動。	1. 角色扮演。 2. 聽錄音帶。	1. 習作。 2. 作業單。	1. 簡化習作難度。 2. 必須多次強調上課重點。
六	單元：五大洲 1. 了解大洋洲、非洲的主要地形。 2. 了解世界的主要氣候類型。 3. 認識歐亞大陸的位置、地形。	1. 地圖、地球儀。 2. 錄影帶。 3. 看地圖並指認地點。	1. 習作。 2. 指出地圖上非洲、大洋洲的位置。 3. 習作。	1. 以剪貼方式完成。 2. 作業（從課本中找答案）。

第四節　在普通班執行社會科 IEP

　　Downing 和 Eichinger（2003）認為 IEP 目標都可在普通班課程中被執行，即使班上有中重度障礙的特殊生。依據 Downing 和 Eichinger 的融合計畫表，表 11-5 提供一個五年級中重度障礙生融入普通班的例子，其在 IEP 中的教育目標包含了各種課程領域，有功能性閱讀、社會技能、溝通、數學及精細動作的目標。教師則根據這些領域訂定 IEP，安排適合其學習的課程內容。透過仔細安排，這些 IEP 目標都可在社會科課程中被執行。

表 11-5　社會科融合計畫（主題：台灣地圖）

	第一天	第二天	第三天	第四天	第五天
課程調整前活動內容	1. 指派到三類地圖中的其中一類： • 新竹市地圖。 • 台北市地圖。 • 桃縣地圖。 2. 開始查詢資訊（書本、報章雜誌、圖書館書籍、光碟或網際網路等）。	1. 繼續尋找資料。 2. 在海報上畫出地圖，包含比例、說明、重要地點及目標。 3. 在適當的地點填上地名、街名並著色。 4. 一小時的地圖製作。	1. 繼續製作地圖。 2. 在海報上畫出地圖，包含比例、說明、重要地點及地標。 3. 在適當的地點填上地名、街名並著色。 4. 一小時的地圖製作。	1. 完成地圖製作。 2. 準備口頭報告。 3. 分配報告人選。 4. 半小時地圖製作。	1. 三個小組對全班同學報告。 2. 每組有20分鐘的報告及作品呈現。
課程調整設定 IEP 目標	1. 閱讀：找出報紙上關於新竹市發生的事。 2. 社會技巧：在尋找的過程中與同學互動；保持 30 分鐘的圖書館閱讀。 3. 溝通：與同組成員開始討論主題涵蓋的內容。	1. 精細動作：將三張圖片貼至地圖上。 2. 數學：數出接到的圖片數量。 3. 溝通：與同學一同計數正確的數量。	1. 精細動作：將三張圖片貼至地圖上。 2. 數學：數一數新竹有幾個字。 3. 溝通：說要或不要。	1. 閱讀：當普通生完成並準備報告時，特殊學生從報紙中找出地方版。 2. 休閒：找出這週末最想做的休閒活動。 3. 數學：練習在第五天時，通知準備報告的同學有多少報告時間。	1. 溝通：說出報告的名稱。 2. 數學：當報告時間即將終了，拿出時間到了的紙條通知報告者。

由表 11-5 中可看出，調整的範圍包含每日活動及材料安排。特殊生幾乎可以在普通班教室中達成 IEP 中所有的目標。

第五節　自然課教學調整

一、特殊生學習自然科常見的問題

自然科常用實際操作的方式來讓學生學習一些原理或原則，所以特殊生通常非常喜愛自然科，然特殊生在學習自然科可能遭遇下列問題：

1. 無法獲得資訊。
2. 有處理資訊的問題。
4. 缺乏統整技巧。
5. 無法為概念提供例子。
6. 需要額外的時間及機會才能理解。
7. 缺乏相關背景。
8. 缺乏獨立思考訓練。
9. 無法深入探討概念。
10. 無法仔細觀察，歸類和分析、預測和綜合、推斷和評價有困難。
11. 野外活動經驗不足，對陸地、岩石和水的資源知識不足。
12. 不會讀溫度計，天文學和氣候知識不足。

二、特殊生如何學習自然

自然科學習內容多元，特殊生非常喜歡此科目，老師可帶領其進行許多不同領域的研究，來探討岩石、水、森林、氣候、行星，讓特殊生也能夠學到觀察、分析、歸納、體驗和推斷。特殊需求的學生可能需要一些協助及課程調整，使其能完全參與和積極學習，由於自然科學有許多較抽象的概念，所以不會要求特殊生達到和普通生一樣的學業標準，但仍希望特殊生能學到與生活相關的技能，可大致了解或貼近自然科學的本意即可。自然科的調整多根據自然科學活動及學生

學習的需求等來安排，例如：

1. 多人一組做實驗。
2. 畫重點。
3. 安排參觀。
4. 看完顯微鏡後，畫出及命名看到的物品。
5. 將課文改編成簡單的文章，再讓學生看圖回答問題。

三、融合班自然科教學調整計畫

以國中自然科單元主題——「生物體的構造：物質進出細胞的方式」為例，闡述如何做課程調整，教學調整計畫如下。

（一）重點

1. 認識細胞，關鍵詞：細胞（圖卡、蜂窩圖片）。
2. 擴散作用，關鍵詞：擴散（水分子的擴散作用）。
3. 滲透作用，關鍵詞：滲透（水分子的滲透作用）。

（二）活動安排

1. 流動人口（藉由進出教室的活動，即改變門縫的大小，讓學生了解物質大小進出細胞的難易度）。
2. 衛生紙濕掉了。
3. 紙樹開花。
4. 觀察並畫出水的吸收現象。

（三）教學策略

1. 利用畫圖做觀念的說明。
2. 由具體圖卡的操作增加學生的印象。
3. 藉由故事的搭配，並讓學生自行動手繪畫了解。
4. 利用活動讓學生更容易了解。
5. 進行衛生紙的實驗（讓學生自行裝水、清洗杯子、動手實驗、完成活

動）。

6. 進行紙樹開花的實驗（利用紙來種彩色樹），培養學生互助、精細與觀察和說明的能力。

（四）教學目標

1. 能透過「流動人口」的活動了解細胞的進出。
2. 能透過「衛生紙濕掉了」的活動了解擴散作用。
3. 能透過「紙樹開花」的活動了解滲透作用。
4. 能了解實驗該注意的事。
5. 進行活動過程的實驗觀察。

（五）教學調整

1. 教導特殊生有關細胞的基本概念。
2. 課文中的生物專有名詞使用生活化的現象說明。
3. 透過圖卡將生物現象具體化、淺顯化。
4. 了解上面活動內容。
5. 利用小組活動達到同儕間的合作學習。

四、自然科教學安排

為了讓教學能符合普通及特殊生的需求，調查融合班教師做了哪些教學安排，結果如表 11-6。

表 11-6　融合班自然科教學安排

特殊安排	項目		二年級	三年級	四年級	五年級	六年級	備註
種植記錄	配合單元一週次數			√	√1~2	√		
	未配合單元							
	獎勵方式	物質獎勵						
		社會性獎勵			√			
		其他（寒暑假之作業）	√					
製作植物圖鑑	配合單元一週次數				√ 不一定	√		
	未配合單元							
	獎勵方式	物質獎勵						
		社會性獎勵			√	√		
		其他						
回家作業	多久指定一次			不一定	2~3天			
	普通生作業內容	以課本習作為主	√	√	√	√	√	
		單張作業單				√		
		其他（蒐集資料、觀察記錄、課本內容預習、報告）			√	√	√	
	特殊生作業內容	和普通生一樣，但請家長協助完成	√	√	√	√		
		和普通生一樣，但做多少算多少，量力而為	√		√			
		和普通生一樣，但降低份量					√	
		另外出	√	√	√	√	√	
		其他						

表 11-6　國小自然科教學安排（續）

特殊安排	項目		二年級	三年級	四年級	五年級	六年級	備註
	評分方式	等第			√	√	√	
		分數				√	√	
		其他（蓋章）			√			
	獎勵方式	物質獎勵						
		社會性獎勵			√	√	√	
		其他						
評量	普通生評量內容	以紙筆測驗為主	√		√	√	√	
		以實作評量	√		√	√	√	
		過關遊戲為主				√		
		以檔案評量						
		其他（紙筆50%、過關、實作5%）						
	特殊生評量內容	和普通生主題一樣，但降低難度			√	√	√	
		和普通生主題一樣，但以實作評量為主	√		√	√		
		另外出			√	√	√	
		其他						
	評分方式	等第				√		
		分數	√		√	√	√	
		其他	√					
	獎勵方式	物質獎勵						
		社會性獎勵			√		√	
		其他（作業以是否完成及正確為重點）						

表 11-6 國小自然科教學安排（續）

特殊安排	項目		二年級	三年級	四年級	五年級	六年級	備註
學習單	每一課特殊生幾張？		1（單元）	不一定	3～4	2～5	1～2	
	每一課普通生幾張？		1（單元）		2～3	2～5	1～2	
	使用方式	引起動機				√		
		發展活動		√	√	√	√	
		綜合活動		√	√	√	√	
		其他	√					
	有考量特殊生需求				√	√		
	獎勵方式	物質獎勵						
		社會性獎勵	√		√	√	√	
		其他						
閱讀	書的來源							
	數量							
	撰寫心得						√	
	閱讀單							
	閱讀時間	校內			√			
		回家					√	
	評分方式	等第						
		分數						
		其他（蓋章）			√		√	

表 11-6　國小自然科教學安排（續）

特殊安排	項目		二年級	三年級	四年級	五年級	六年級	備註
	獎勵方式	物質獎勵						
		社會性獎勵			√	√		
		其他（配合附小獎勵卡制度）				√	√	
實驗或經驗學習，例如參觀	配合單元一週次數			√	√ 不一定	√1~3 （一學期）	√1 （單元）	
	未配合單元							
其他								

五、教學調整

　　小羅老師是一個數學和自然老師。班上有 14 名男生，10 名女生，年齡在 11 歲到 14 歲之間。24 位學生中，有 3 位為資優生，5 位需接受特殊教育服務，其中 1 位為重度智能障礙、1 位為中度智能障礙、2 位學生有學習障礙、1 位學生為情緒障礙。小羅老師希望自己能：(1) 為每個學生訂出合適的 IEP 目標；(2) 盡量將重度障礙的學生融入科學活動中。

　　在主題為「細胞」的科學課中，小羅老師希望所有學生能在課程中學到：(1) 三種細胞學理論；(2) 能分辨兩種細胞。大部分的學生還須能描述兩種細胞的組織和其功能，並能比較動物和植物的細胞；某些學生需更進一步區分單一細胞和細胞群。

　　自然課做實驗時，小羅老師會將學生兩兩為一組，其中一人對實驗器材或程序較為熟悉，另一人則較為陌生。課程中也會使用學習單，學生需一同完成。例如教導學生操作顯微鏡，學習單上有操作的步驟，對於智能障礙的學生及閱讀障

礙的學生，其學習單會附上圖片。有位特殊生會使用電腦，老師便將顯微鏡操作方式拍攝下來，請該位學生在電腦上閱讀。

小羅老師會給予學生不同的指導語，允許學生使用個人學習計畫，並替某些學生調整課程。例如一位智能障礙的學生，他的課程內容會較其他同學具功能性。老師會在課程中進行其 IEP，例如輪流、認識同組同學姓名、尋求協助。這位智能障礙的學生並不需像其他同學一樣，達成「辨認細胞部位」的目標，而改為「能安全使用顯微鏡」、「能以顏色區分動物及植物的細胞」。而學習障礙的學生，其學習內容則由普通生的課程內容調整而來，將課程內容以簡單的文句改寫，並用電腦呈現。而其電腦檔案的內容則與學習單及筆試內容相關。

小羅老師在課程活動中，常將學生分成小組學習。有些活動為兩人小組，有些活動則將六個小組併為一大組（共 12 個人），都是異質性分組。以自然課為例，每堂課會留一段時間，讓同學在大組中一起學習、討論，並呈現討論的結果。老師為這段時間設定不同的學習層次，並將學習活動結構化，每個流程都有明確的學習目標，以確保每位同學都有事情做，也能融入學習。例如在「細胞」這個主題裡，老師就依序設定了五個活動程序：分辨不同種類的細胞、看影片、上網查詢相關資料等。

班上同學的作業都收納在一個檔案夾裡，作業都被要求要在電腦上完成，特殊生則視需要請同儕協助。和細胞相關的目標會列在特殊生的 IEP 中，並評量以便期末 IEP 會議時檢視。

一般普通班級使用的課程通常都需要改編，以符合特殊生的需要，最普遍的學科調整方式為簡化課程內容及改變作業的要求（例如給予較長的繳交期限），表 11-7 彙整三年級每個特殊生自然課課程目標、增進課程參與及作業安排的情形，以了解自然科的調整方式。

表 11-7 三年級自然科特殊生課程參與及作業安排記錄表

姓名	課程目標	增進學生參與之上課安排	作業安排	哪些需要再調整
A 生	• 能辨別天氣。 • 能參與測量氣溫活動。 • 能了解溫度計的使用方法。 • 能讀出溫度計的刻度。 • 能參與做簡易風力風向計。	• 學習看天上的雲量，辨別量的多或少，能說出當時的天氣名稱。 • 和同儕分享自己對氣溫的經驗，估計現在氣溫約為幾度。 • 讓學生親自體驗教室內的涼爽和操場上的酷熱，比較溫度高低；能看、說出 30℃ 是操場的溫度，27℃ 是教室內的溫度；並說出造成差異的可能原因。 • 學習、獨力完成簡易風力風向計。	習作、作業簿、學習單、活動單皆與普通生同。	無
B 生 C 生 D 生	同上	• 同上方欄前三點。 • 幫助同學黏貼、固定風力桿、塗膠水。	• 習作同普通生。 • 作業單以親子互動分享的勾選方式完成。 • 學習單以圖畫、同儕互動呈現為主。	• 自然學習活動多，應延緩 D 生完成目標的時間，避免壓力產生。 • B 生專注力不佳，幸有同儕協助叮嚀課程得以進行（進度有受影響）。 • C 生常有情緒困擾。
E 生	同上	同上	同上	• 學生常需同儕叮嚀，造成該組進度稍慢。 • 溫度計刻度小，令該生不耐煩，教具不完備待改進。 • 膠水使用量控制不佳，有同儕協助才收拾好。 • 他科起點能力了解不夠，跨領域學習適得其反，待改進。

表 11-7　自然科特殊生課程參與及作業安排記錄表（續）

姓名	課程目標	增進學生參與之上課安排	作業安排	哪些需要再調整
F 生	同上	同上	同上	該生參與熱烈，同儕互動尚可，然專注力不好時有進度落後的情形，造成該生懊惱，待改進，降低該生完成目標。

第六節　社會科教師訪談

問：高年級的社會科調整會不會很難做到？

答：社會科沒寫 IEP，但可讓特殊生學習比較生活的課程。因為到了五、六年級就變成是歷史、地理，根本沒有適合特殊生的內容，如果要降低標準，就會上不完，因為課本裡面的內容真的好多好多。像上學期就有三分之一沒有上完，如果還要將生活化的東西拉出來上，就會很難。所以教師開會時就會提出社會科到了高年級是不是也可以分出大小組，讓一些孩子可以學習更多人際之間的社會技巧，甚至是生活上的自我能力訓練，例如自己煮菜、自己賣菜、整理自己的環境等，這些能力或許對他們來說更重要。但這裡沒有任何課程是排這種內容的，所以教師會想說是不是可以排一些時間，讓社會就是跟這個領域相關的。高年級的社會對特殊生來說真的太難了，但吳淑美教授覺得國語、數學都已經分大小組，若社會也要分大小組，自然是不是也要分大小組，因為自然跟社會是搭配的，這樣就沒有融合的感覺了。但是教師們就希望能分，因為太困難了，五年級已經這樣，到六年級更是。他們要知道朝代的順序、要知道皇帝在幹嘛，可能沒有意思！而且你又教不會他。

問：特殊生考試會寫嗎？

答：所以他們就不考了！四年級的老師說他們社會和國語結合考，就只考國語，國語裡面有一些社會概念，可是裡面的東西不覺得有什麼是他真的要去學的。

問：是不是有些老師會說讓他安靜地坐在旁邊也好？

答：這樣太浪費時間了，我們一直很擔心特殊生會不會自己洗衣服、他會不會整理自己的生活環境、他會不會一些很生活化的能力，這些很重要，我覺得我們這邊很多特殊生，但是沒有注意到這方面的需求，像是生活自理的能力。有一些特殊生還是會大便在身上，東西隨便塞，那些應該是很基本的能力，但是我們沒有針對他們的特殊需求做課程上的安排，有些特殊生的程度真的差太大了。因為時間很趕，而且課本裡學的又是大綱，像是唐朝一節課40分鐘就談完了，很短，等於概念和重點說完就已經差不多了，可是特殊生看不懂，教師就要摻進故事，但是對普通生來說就淺顯化了，所以教師一直覺得要抓出來給特殊生目標很困難，從上學期就提出來這個問題，真的不知道應該怎麼辦。

問：社會科如何考試？

答：現在比較常用的就是從網路上下載的，不然就是借相關的書還有國外的網站。因為不想給期末考，所以就想了一個替代方式，現在多元評量都不太重視紙筆測驗，教師就會利用他們的學習筆記。有的特殊生的目標就是只要可以抄課本習作就可以了，有的是寫好讓他貼上去，這種按順序貼就可以了，還有的是讓他從課本裡面查再抄上去，其他學生就會自己寫。做筆記的部分，其他學生要做筆記，特殊生還是會貼，可是教師不會要求他寫，因為這是比較思考性的問題。這就是我們平常上課聽到的，回去可以把這張做一個整理筆記，或是聽到比較特別的，把感想寫在上面。有時候教師會貼一些自己整理的資料給學生當成作業，這是筆記的部分，原本還希望他們做小報告，但後來沒時間，因為他們平常本來就要做一個很大的主題報告，那也算社會成績，原本想說每一章節、每一個單元都做一個小小的主題，可是後來覺得他們在吸收上已經滿辛苦了，他們要學一般國小的東西，蒐集資料的話，他們理解力已經不是很好，還要去蒐集那些資料，就不是那麼容易，所以就把這個部分取消掉。這原本是學期初的計畫，當時有和家長開會說明這學期的課程計畫、評量方式會有什麼改變，這就是社會科的部分。

第七節　自然科教師訪談

問：請問設計自然科作業要多少時間？

答：設計是需要時間的。教師會改變方式，也就是會用一些比較開放式的作業讓學生來做，這樣就可以減少出作業單的時間。

問：什麼是開放式的？

答：例如讓學生去寫日記，寫一些自然的觀察日記，這些東西是在課堂上就可以觀察到的、學到的東西，然後他去記錄下來。例如有一班寫的自然日記是一個星期寫一次，學生慢慢地會試著去整理，整理過後會有問題，就會呈現在上面。有時候教師所出的作業單是根據學生所做的東西去發現哪些東西是可以再去探討的，然後教師再出這樣子的作業單，有些作業單是要在下次上課之後要討論的。減少時間出那種機械式的作業單，這樣比較有時間去設計特殊生的作業單。

問：會和其他的老師討論課程設計的相關問題嗎？

答：會，例如其他老師在講昆蟲的時候，昆蟲有六隻腳、翅膀幾個……我會跟他們講，盡量會在課程上提到這個東西。講到昆蟲的習性，尤其是講到蜜蜂的房子是什麼樣的形狀，在我的造形活動裡，說出一個蜜蜂房子是什麼樣的形狀，學生會說出不規則形、三角形，甚至其他形狀，我就會把圖片拿出來，告訴學生蜂窩的形狀是這個樣子，學生看看後做出那個形狀。我說你說說看，它有幾個角、幾個邊、它就是什麼形……雖然他本身還沒有教到，所以他們造形裡沒有這個形狀，一年級他們只是侷限在四種基本形狀，如果其他科有說到，我就會試著帶進去。

第 **12** 章

學習單之調整

　　教學活動依功能及性質可以分為好幾種，有些活動純粹是以增進對學習內容的理解為主，有些則以應用習得的知識為主，因此學習單的內容安排需視學生的程度及教學的目的而設。

第一節　學習單之類型

一般而言，學習單或活動單的型態可分為下列幾種：

1. 為操作性活動而設計：活動學習單的目的為提供實際操作的經驗，例如感官的經驗來加深學生的印象，讓學生用不同的方式將習得的知識，運用、分類及連結，像是將教過的形狀積木堆起來數一數各種積木有幾個。

2. 概念活動：用具體物或圖表，將抽象的概念用具體或半具體的方式來呈現，例如將教過的字，按名詞、動詞、形容詞分類。

3. 需要知道的表：將每課重要的概念、頁數、圖片及描述表列。

4. 將資料用圖表整理出來以協助學生組織習得知識，發展高層次思考，例如用在解決、了解關係、順序及因果關係上，例如將數學加法類型（進位與否）整理出來讓學生知道如何做加法運算。

5. 遊戲：將課本內容用遊戲的型態呈現來引起學生學習的興趣，以達到練習

及檢視的效果，例如將社會科教到的地名做成大富翁遊戲以達寓教於樂的目的。

6. 應用活動：用結構的型態將習得的知識應用到日常的情境，例如將五種感官的知識，用在走路至學校途中看到、聽到、聞到、摸到及嚐到什麼。

7. 結構化的教學指引：將學習內容整理列出關鍵字，再出題目讓學生可以從指引中找到答案。

8. 摘要表：將課文重點表列。

第二節　編選學習單常用之策略

在融合班學生程度不一，因此編選教材或學習單時需針對學生需求，將學習單至少分成普通、學障及智障生幾種，甚至更多種。雖然不只一種學習單，然內容多以一種為參考依據，往下調整到較低的層次以節省教師人力，因此編選學習單是需要學習一些策略，才能達到事半功倍並符合不同程度學生需求的效果。以下將介紹一些融合班常用的編選學習單策略以供參考：

(一) 運用現成的圖表回答問題

1. 看電視節目表回答問題

電視節目表	
時刻	節目
0630	早安新聞
0830	運動天地
0930	休閒天地
1100	午間新聞
1230	連續劇
1400	綜藝世界
1800	兒童園地
1900	晚間新聞

- 1230 代表的是（　　）點（　　）分。
- 早安新聞播出時間是（　　）午【填上午或下午】（　　）點（　　）分。
- 休閒天地播出的時間有多長？（　　　　　）。
- 0830 播出的節目是（　　）。
- 一天播（　　）次新聞。

2. 看食物熱量回答問題：圖中為六種食物每 100 公克中所含熱量的長條圖，
　請問：

(1) 熱量最高的食物是哪一種？＿＿＿＿＿＿＿＿＿＿

(2) 熱量最低的食物是哪一種？＿＿＿＿＿＿＿＿＿＿

(3) 白米所含的熱量有多少卡？＿＿＿＿＿＿＿＿＿＿

(4) 麵包所含的熱量比較高，還是花生的熱量比較高？＿＿＿＿＿＿＿＿＿，
　　高多少卡？＿＿＿＿＿＿＿＿＿（可以用計算機算算看）

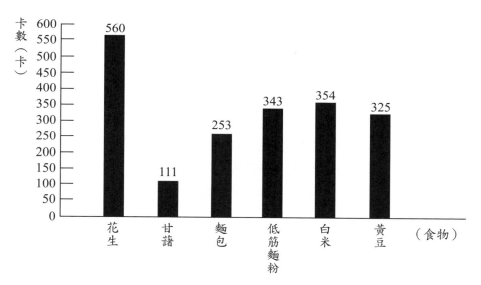

（二）利用習作現成的題型改編：例如將「填充題」改為「連連看」
　　　或「選擇題」，「寫出」改成「圈出」

　1. 請圈出這些主角是從哪一本故事中出現的？
　　　阿拉丁：天方夜譚、西遊記
　　　孫悟空：西遊記、安徒生童話
　　　彼得潘：小飛俠、小木偶
　　　皮諾丘：小飛象、巨人國
　　　格列佛：小人國、巨人國
　　　白雪公主：格林童話、天方夜譚
　　　吉姆：金銀島、天方夜譚

阿里巴巴：天方夜譚、金銀島

(三) 給予學生線索以解決問題

1. 加上一小段文章作提示

【例 1】下列是有關台灣民俗及藝文的敘述，看完後請回答問題：

- 春節過年時家家戶戶門上貼了春聯
- 元宵節時提燈籠
- 清明節掃墓祭拜祖先
- 端午節包粽子、作香包、划龍船
- 中秋節吃月餅賞月

(1) 祭祖 (2) 製作香包 (3) 放天燈祈福 (4) 掃墓 (5) 包粽子 (6) 拜年 (7) 提燈籠 (8) 賞月 (9) 畫年畫 (10) 紮花燈 (11) 吃月餅 (12) 賽龍舟 (13) 寫春聯、貼春聯

請將和節日相關的活動號碼寫在節日的（　　　）裡：

和「春節」相關的活動為（　　　）

和「元宵節」相關的活動為（　　　）

和「清明節」相關的活動為（　　　）

和「端午節」相關的活動為（　　　）

和「中秋節」相關的活動為（　　　）

【例 2】讀完故事後，回答問題：人體的血液裡住著三個感情很好的兄弟，大哥是白血球，二哥是紅血球，小弟是血小板。大哥白血球的工作是軍人，他幫助身體打倒敵人──細菌；二哥紅血球的工作是送貨員，他送的貨物是氧氣；小弟血小板的工作是水泥工，他負責修補人體的傷口。

(1) 請問血球三兄弟住在哪裡？＿＿＿＿＿＿＿

(2) 請問血球三兄弟誰最大？＿＿＿＿＿＿＿

(3) 請問血球三兄弟誰最小？＿＿＿＿＿＿＿

2. 列出答案讓學生選擇或貼上（例如缺了什麼詞？唸一唸，連一連）

> 小貓（　　　）從樹上掉下來。

突然

> 這場大雨下得太（　　　），害我
> 淋得像一隻落湯雞。

竟然

> 弟弟年紀這麼小，（　　　）可以
> 畫得這麼好，真是了不起。

忽然

3. 看到句子找出指定的語詞（例如讀一讀並把「太陽」圈起來）

太陽
- 太陽起的早
- 太陽升得高
- 太陽照的暖

4. 協助完成部分答案（例如填空時將大部分格子填好）

小朋友，請依照課堂中我們教過寫「啟示」的方法，完成這篇啟示：小花的帽子丟掉了，請你替他寫一則遺失啟示。	
帽子的樣式	標題：尋找（　　　） 正文：我是二年五班的（　　　），我的（　　　）在學 　　　校的（溜滑梯）不見了，那是一項（　　　）色、 　　　邊邊有裝飾的漂亮帽子。如果有人看到，請幫我送 　　　到（　　　）年（　　　）班。謝謝。 聯絡方式： 具名： 日期：

（四）社會科著重在基本概念的理解

1. 各城市地理位置，可帶入數字，例如地理學習單可以透過比較人口的多少來瞭解城市大小

你知道全世界人口數最多的五大都市是哪幾個嗎？（寫出數字或國字）

都市	人口數	讀作
A. 日本的東京	（　　　　）人	二千六百八十四萬九千人
B. 印度的孟買	16,090,004 人	（　　　　）人
C. 美國的紐約	17,178,080 人	（　　　　）人
D. 巴西的聖保羅	（　　　　）人	一千七百一十萬零六十人
E. 墨西哥的墨西哥市	18,070,300 人	（　　　　）人

請依照人口數由大到小，排出世界五大都市（以代號表示）：

1. （　　　）2. （　　　）3. （　　　）4. （　　　）5. （　　　）

（五）數學科以數字及操作為主，學習單可以著重在數字配對、題意的理解

小明口袋有 40 元，到 7-11 便利商店了一罐奶茶花了 15 元，幫媽媽買一份報紙花了 10 元，又買兩個茶葉蛋 10 元，請問剩多少元？小明買了幾樣物品？買哪一種物品較貴？

（六）自然科以查資料觀察及實驗操作為主，學習單可以著重在配對實驗程序瞭解基本的概念為主

（七）配合實際的情境設計學習單，例如選舉的情境或買東西的情境

連一連：下面的圖，它們表示「選舉」和「投票」，哪一張圖代表選舉？哪一張圖代表投票呢？請選出正確的答案，並把它們連起來。

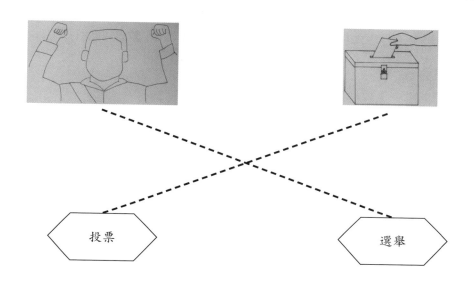

填一填：在下列空格中填入正確的答案。

・年滿（　　　　）歲有投票選舉候選人的權力。

・我國的總統是經由（　　　　）選出來的。

（八）盡量跨領域：學習單涵蓋不同領域，例如數學題涵蓋語文

生日會上一共有 23 個小朋友，大家一起吃比薩、果凍還有喝果汁。

1. 生日會上大家吃什麼？（　　　　）、（　　　　）還有（　　　　）。

2. 一共有 23 個小朋友，一人一杯，一共需要（　　　　）杯。

3. 一瓶果汁可以倒成 4 杯，請問需要（　　　　）瓶果汁加上（　　　　）杯
（請畫出來），至少要準備（　　　　）瓶果汁才夠。

(九)讓學生從課文中找到答案（設計課文作為教學指引）

1. 社會科

【活動一】找個新家！

(1)如果現在要買房子，你會選擇住在哪裡呢？（把小房子貼在海報上）
說出你的選擇及原因。

(2)有很多高樓，很多人，大部分的人在工廠或是公司、商店上班的地方
叫作都市。

(3)很少高樓，人比較少，大部分的人工作是種田或補魚或養雞鴨，這種
地方叫作鄉村。

【活動二】認識人口移動的「推力」與「拉力」。根據你的觀察，住在鄉
村的人多，還是都市的人多呢？為什麼有人要搬出鄉村，而搬
進都市呢？

(1) 讓人想搬出一個地方的力量，稱作推力。

(2) 讓人想搬進一個地方的力量，稱作拉力。

【活動三】連連看

	・工作機會多，賺的錢多
	・種田辛苦，但賺的錢少
(1) 移出鄉村的推力	・學校多，設備好
	・學校少，設備較差
	・醫院多，設備充足
(2) 移入都市的拉力	・醫院少，設備較少
	・休閒、娛樂活動總類多
	・社會福利較好

【活動四】連連看：人口移動後所造成的問題

	・房屋不夠居住，空間小
(1) 都市問題	・交通擁擠
	・噪音、垃圾污染
(2) 鄉村問題	・年輕人變少
	・多偷東西、打架事件

（十）利用習作上的圖表設計問題

有犬、豹、海豚、狸、狼等五種生物，依下表所給的資料，了解其分類上的關係，試回答下列問題：

界					
門			脊索動物		
綱	哺乳類		哺乳		
目		食肉	鯨		食肉
科	犬			犬	
屬	犬				犬
種	犬	豹		狸	狼

（　）1. 在分類上與狸親緣最遠的為：　(A)犬　(B)豹　(C)海豚　(D)狼。

（　）2. 根據上表資料，哪些生物在分類上同屬食肉目的？　(A)豹　(B)海豚　(C)狸　(D)狼。

（　）3. 根據上表資料，下列敘述何者正確？　(A)狸與狼同屬犬科　(B)犬與狸同屬食肉目　(C)犬與海豚同屬哺乳類。

（十一）改變題目的難度（例如改變題目中數字大小）

以下是聯合航空去年從台北載客到各地的人數統計：

地區	美洲	歐洲	非洲	澳洲
人數	800,253	800,240	654,230	644,230

到哪個地區的人數最多？（　　　　　）

到哪個地區的人數最少？（　　　　　）

(十二) 看到答案想題目，例如用橫式 49 + 19 = 68 設計題目以測試概念的理解

設計一道題意和橫式相同的題目。橫式：49 + 19 = 68

答：百貨公司昨天進貨 49 把雨傘，今天又進了 19 把雨傘，百貨公司共進了（　　　）把雨傘。

(十三) 設計每科每個單元的概念樹狀圖，以主題或概念為中心

農夫為了避免病蟲害，增加產量，大量噴灑農藥、化肥與生長劑，請你想一想，這樣的結果或造成哪些問題和影響呢？請在空格內填入正確答案。

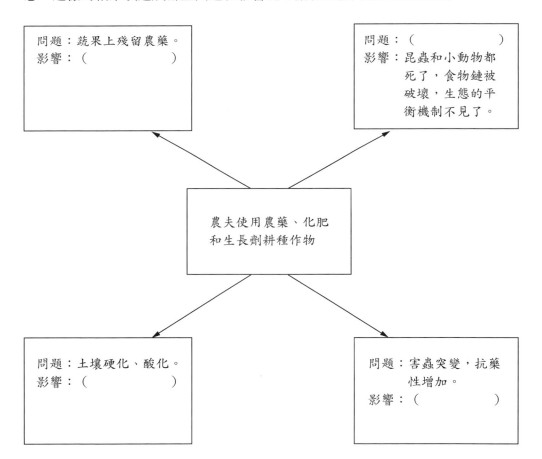

第三節　教師訪談

問：如何做學習單調整？

答：教師會將整個教學流程跑一次，在中間插入特殊生目標的時候，會設計一個一張例如語詞的學習單，或是讓學生選詞填寫。若是比較弱的學生，可能就是連連看。各種不同的型式，在不同的插入目標的同時，教師也會順便想到這時學生可以做什麼樣的練習或是學習單，然後再去設計，設計後，通常是平均一堂課約一天一張學習單，不要造成學生很大的負擔。所以大概會有適當的份量，而內容就是在設計流程的過程中一起設計。

問：教師在設計特殊生的學習單跟普通生有什麼差別，是不是要根據特殊生的IEP 來設計？

答：普通生的學習單會比較重視學生的創造力、想像力，特殊生會比較朝著他IEP 的目標去設計，例如教師覺得特殊生的起點能力在這裡，他現在比較要提升的是照樣造句、造一個完整的句子等，教師的設計就會在這上面花較多的時間和篇幅。因為每個特殊生狀況不同，通常一個班級裡面，假如有六個或八個特殊生，可能會有幾個是程度落差差不多的，幾個就會使用同一個學習單，除非另外又有幾個或一個是差異較大的，那教師就必須另外再設計，這樣的設計就是參考 IEP 目前特殊生要學習的，配合這課的內容去設計。普通生比較需要寫作能力的培養，多寫、多看，還有就是不要讓想像力慢慢減弱，其實孩子在小的時候是非常有想像力的，所以普通生會較著重在這上面。

第 13 章

作業調整

　　作業是課堂學習知識的延伸，也可以用來測試學生在課堂之外自己的思考能力，回家作業指的是指定給學生在學校以外的時間做的工作。教師如果能夠合理分配回家作業並和課程連結，對學習者而言是有正面意義的。普遍來說，學生對回家作業感到困難的原因為：有些學生已經精熟作業的內容，他們就會把回家作業當作是額外的作業而且認為它很浪費時間，也有些學生缺乏獨自完成作業的知識或能力。太多的作業會使學生感到洩氣，尤其是放學後有許多有趣的東西（例如電視）會將他們的注意力從作業上帶走。

第一節　作業安排

教師在安排作業時必須注意下列事項：

1. 配合學校的政策：配合學校理念給作業，例如學校希望給予多元的作業，老師就必須配合。

2. 寫信給家長：在學期一開始時就要和家長先溝通，讓家長知道老師對於回家作業會如何安排。

3. 安排做作業的時間：建議學生安排自己做作業的時間，請家長監督學生是否有做到。

4. 先備技巧：確定學生有足夠的時間及能力完成作業，可以合作學習的方式完成作業，分組時採異質性分組，讓每組學生的動機和能力差不多，當學生一起完成每項作業時都可以得到一個分數，分數較高的小組可以得到較高的點數，然後以此類推，得到最多點數的小組可以從老師提供的獎品中選擇自己想要的獎品。

5. 明確地指定作業：讓學生清楚知道今天的作業。

6. 評估作業是否適合學生能力：批改作業時，評估作業是否適當，將學生每天完成作業的情形畫成圖表。

7. 確實訂正：當老師歸還回家作業時，明確地告訴學生哪些題目做錯，並要求訂正所有的錯誤。

8. 了解在家如何完成作業：家中是否有人協助，碰到問題時是否有人指導。

9. 安排適合學生的作業類型：太難或太簡單的作業都不適合，最好適合學生程度，難度高的作業可以改成親子作業。作業除了和課程內容連結，也可安排課本以外的作業提供新的刺激，及設計成遊戲型態以引起學生興趣。

10. 當學生比班上同學提早完成作業或需較多時間才能完成作業時，不可給予更多的功課作為處罰，相反地，可以讓提早完成作業的學生選擇有挑戰性的作業，無法或需延後完成作業的學生則給予較簡單或替代的作業。

11. 讓班上學生分享完成作業的結果，讓其他同學認識不一樣的想法。

12. 通常他們都被允許完成其他作業：只要他們能在這個科目表現出明顯的進步，而且通過包括課本上或課外知識的定期測驗，就可做其它的作業。

第二節　特殊生的作業

　　特殊生通常難以完成一般的回家作業，原因有二：其一，特殊生缺乏時間管理與學科的技巧；其二，特殊生較難獨立完成作業，需要家人及老師提供協助，建立家庭與學校的溝通模式。要了解融合班作業之調整是否符合學生需求，可設計問卷請家長填寫，以了解融合班特殊生完成學校指定作業的情形，內容可包括學生是否了解上課內容、完成作業的困難及需要老師協助的事項，如表 13-1 所示。

表 13-1 在家作業完成記錄表

科目	年級	姓名	孩子能學到什麼（能否了解）？	作業完成情形	完成作業遭遇的困難	需要老師協助事項
國語	一	A生	不能明白拼音（字）的意思。	必須把字唸出來才懂，不會拼字。	也許教他認字會比拼音字能了解。	注音單個會唸，拼在一起就不會唸，是否能從他較能記得的方式去教他。
		B生	ㄙ、ㄏ、ㄋ、ㄝ、一ㄝ、ㄨㄤ、ㄨㄚ的讀寫。	1. 協助ㄝ、ㄤ的運筆。 2. 協助指讀。	1. 運筆沒信心，速度太快。 2. 強迫注視。	可增加「量」。問題型式多變化，對答題方式反應不及，恐會影響主要目標的達成。
	二	C生	1. 開學了，所有東西都是新的，如新書、新幹部等。 2. 能了解。	1. 國字筆畫位置大小需指導，完成需半小時。 2. 需引導他想「短語詞」。	無困難，作業非常適合。作業少多了，孩子、大人都很高興。	這學期很棒，作業分量適中，只需訂正一次就好了，不像上學期，錯同樣地方訂正不完。
		D生	1.「單字─圖」詞語配對單字練習。 2. 利用單字作業單製作字卡。	作業單需15分鐘，作業簿一面約20分鐘。	需在旁提醒作業內容或利用仿寫完成。	
		E生		造句部分，聯想力比較差。	生字多時孩子會暴怒。	是否可列舉比較相關的句子或形容詞。

表 13-1　在家作業完成記錄表（續）

科目	年級	姓名	孩子能學到什麼（能否了解）？	作業完成情形	完成作業遭遇的困難	需要老師協助事項
國語	二	F 生		1. 寫生字和圈詞，雖然速度較慢需花較長的時間，但是沒問題。 2. 練習自己寫功課，不會的地方再教，增加自信，減少依賴。	需描述或心得的作業，需家長協助。	老師批改作業很用心，會調整作業單的難度，作業內容很有彈性。
	三	G 生		1. 生字、造詞、造句：約 100 分鐘；協助：90% 2. 學習單約 15 分鐘。	造不出句子，生字筆畫控制不好，沒耐心。	增強生字的理解練習。
	四	H 生	1. 課文大意大致可以了解，只是無法敘述。 2. 可了解字面上的意義。	1. 生字、語詞很快可以完成，不需協助（30分）。 2. 造句、填適當的語詞需協助（30 分以內）。 3. 日記、閱讀需協助（1 個小時以上）。	1. 只要是寫大意、日記、心得性質的作業，皆須家長協助，無法獨自完成。 2. 寫生字語詞很像在應付，都沒記起來。尤其生字都用拆寫的方式，先寫部首，再寫其他部分。	1. 上課需較多的板書、圖等視覺的提示。 2. 可否要求他要記住所寫的字。 3. 不斷地說老師沒有說要考試。

表 13-1　在家作業完成記錄表（續）

科目	年級	姓名	孩子能學到什麼（能否了解）？	作業完成情形	完成作業遭遇的困難	需要老師協助事項
國語	四	I 生	認識幾個字？	字約 30 分鐘、認字約 5 分鐘。	要家長陪同做作業。	1. 除了簡單的連連看，其他需解釋。 2. 週二、週四另有課程，所以經常無力完成作業。
		J 生	生字、語詞；造句的部分大多能了解，對於課文的理解、分析內容尚待努力。	對於老師定的作業大部分都能完成，並且慢慢學習自己去了解題目完成作業。	至目前為止，配合度達九成。	隨時會與老師聯絡，視情形是否要調整作業的量與難易。
	五	K 生	能了解。	1. 因不能集中注意力而浪費時間。 2. 需協助，如訂正。	寫作業易分心，完成時間會拖延。	會盡量配合老師，但因訂正會花很多時間，所以如果減少日記書寫，不知老師覺得好不好？
		L 生	回家很少複習課本。	媽媽不在旁邊就不認真寫。	日記常常亂寫，不想寫成內容都一樣。	能否兩天或幾天寫一次，以免造成敷衍情況。
	六	M 生	可以。	查字典、寫語詞會自己做。	欠缺主動做功課的動機。	
		N 生		需陪伴在旁，隨時協助，約需 40 分鐘。		感謝老師的辛勞，他愈來愈喜歡寫字。
數學	一	O 生	可數 1 至 10，但數與量配不太清楚。	記憶力差，剛教過第二天就忘了。	作業寫完後，喜歡拿橡皮擦又擦掉，制止他還是不聽。	

表 13-1　在家作業完成記錄表（續）

科目	年級	姓名	孩子能學到什麼（能否了解）？	作業完成情形	完成作業遭遇的困難	需要老師協助事項
數學	二	P生	老師問的問題可以正確回答，有時會唸課文。	寫作業很配合，慢慢進步中，需家長陪同的時間約1～2小時。		
		C生	1. 1數到200，有百位數概念。 2. 百位數加法、減法。	不需協助，約10分鐘。	無。	老師很棒，將每次作業均貼在首頁，一目了然。
		D生	1. 可自行點算10、1，或圖形每10個圈起來。 2. 理解數序。	1. 經反覆練習可在15分鐘內完成。 2. 作業單，一頁需10分鐘。	1. 十位數、個位數合計時要提醒。 2. 喜歡看前面已完成部分再仿寫。	
		Q生	1. 學會加減法。 2. 了解到容器裝水多少的問題。 3. 了解天平上東西重與輕。	1. 通常花一個多小時完成，需要媽媽代筆。 2. 勾選的作業可自己完成，約15分鐘。	因為需要媽媽代筆，所以算得比較慢	
	三	G生		1. 做法、算法需協助，完成約20分鐘，協助約70%。 2. 練習約需180分鐘。	看到加減位數增加，沒信心及耐心計算。	

表 13-1　在家作業完成記錄表（續）

科目	年級	姓名	孩子能學到什麼（能否了解）？	作業完成情形	完成作業遭遇的困難	需要老師協助事項
數學	四	H生	依其回家寫作業的情形和速度應該有了解。	不需協助（除非有文字敘述需解釋）。	1. 數學大致沒什麼困難，只要他懂，他都會寫。 2. 對於「毫米」的概念不是很清楚，分、秒也不太清楚。	上課時多一些視覺提示和操作機會。
		R生	可理解老師上課內容。	乘法會背了，但運算仍稍生澀，也許可以多練習。	在長度測量上，因視力不良及手眼協調不佳，釐米較不易掌握。	麻煩老師放大尺寸，讓他做到公分即可。
	五	S生	利用排方塊學習除法。	1. 需要在旁提醒。 2. 約2小時。	孩子對於除法的觀念還是很難接受。	老師很盡心了，只是不知道是否還有其他方法可用？
	六	T生	錢幣計算。	可完成一個10元硬幣換成1元硬幣。	數字與圖連連看數字太大，不易正確數數。	可將數字小於30。
		M生	應該大致了解。	需要很多協助，幾乎是逐步引導。	不會主動計算，雖然原則和步驟都已記住。	目前難度還可以，需多練習。
自然	三	G生	風力、風向。	1. 觀察風向約15分鐘，需協助50%。 2. 學習單20分鐘，協助70%。	1. 需協助定方位。 2. 作業單附件內容需解說。	

表 13-1　在家作業完成記錄表（續）

科目	年級	姓名	孩子能學到什麼（能否了解）？	作業完成情形	完成作業遭遇的困難	需要老師協助事項
自然	四	H生	有概念，回家還會說出太陽、地球、月亮的關係。	表示不養動物、植物，回家未提過與語文相關話題。		希望多視覺提示與操作機會。
	五	S生		所有實驗均在校做，孩子不知如何寫。	回家沒東西可看，孩子無從著手。	是否能讓每位孩子在學校完成實驗作業。
		L生	一問三不知。	對習題的內容完全不了解。	家長有時也不知該如何寫。	習題是否再簡單些。
自然	六	T生	大約了解50%	思考性問題需要引導，記憶性問題較易作答。		
社會	一	B生	遊戲安全。	需提示問題，逐一問他可或不可；約需5分鐘。	樂於完成。	尚無。
	四	H生	比較抽象的概念、名詞理解有困難。	要靠家長完成。	題意的了解比較困難，經驗傳承等觀念很難講解給他聽。	希望教學時多一些視覺提示和操作。
	五	L生	不清楚在學校學什麼。	完全排斥，要父母作答。	課本習題幾乎無法自己回答。	可多出一些情境問題。

第三節　作業調整

即使是最好的作業，也不見得適合特殊生，從表 13-1 可見，特殊生的作業仍有調整的空間。Patton（1994）提出下列調整作業的建議：

1. 與家長合作：建立親師溝通的管道，並讓父母知道在學生寫功課時，他們應該扮演什麼角色。至於要由誰負責與特殊生家長溝通呢？原則上是誰出的作業，就由誰來溝通。

2. 學生就讀學校的第一年，就要開始出回家作業：這樣可以讓學生習慣回家做作業，並讓回家功課成為生活作息的一部分。

3. 每一堂課，需有一段專門指派、說明及收作業的時間：老師要有足夠時間跟特殊生解釋作業，若只在下課前匆匆解釋，特殊生無法清楚了解作業內容時，就容易做錯。Patton（1994）認為，解釋作業時，應包含以下項目：

   (1) 解釋作業的目的。

   (2) 提示如何完成作業：挑出習作中一、兩題作為範例來講解。

   (3) 估計花多少時間可完成作業。

   (4) 把交代的作業寫在白板上，讓學生抄在聯絡簿上。

   (5) 解釋作業的格式。

   (6) 確定完成作業需要的材料。

   (7) 告訴學生如何評量。

   (8) 需有口頭和文字的說明。

4. 跟其他老師合作：若發現班上的學生可能無法完成作業，老師可以與其他教師合作，一起計畫如何改變學生行為。

5. 確認學生了解作業內容：詢問學生老師交代了什麼作業，以確定學生真的了解該做什麼作業。

6. 若可能，讓學生在學校寫作業：如此可以在「放學前」了解學生的困難和問題。

7. 使用專門的作業簿或檔案夾：特殊生多半缺乏記憶和組織的能力，因此作業需要寫在特定的本子，並存放在特定的地方或檔案夾，如此父母才知道

作業是什麼，既便於協助，也可作為親師溝通的管道。

8. 要有全班性的作業獎勵計畫：當學生完成作業時，提供誘因與動機。

9. 請父母簽名，並註明日期：有研究顯示，如此學生會更努力做作業。

10. 將作業列入評量：以回家作業評量學生，對學生來說更有意義。

11. 將作業與學生經驗連結：將學生校內、外的經驗與作業連結。

12. 所出的作業需符合學生能力：作業的功能在於強化學習能力、維持技能和運用技能，而非考驗學生尚未習得的能力。

　　即使是最好的作業，也不見得適合特殊生，因此要為特殊生做作業調整。例如動作障礙的學生，可能需要以口頭或其他方式完成作業。依據國外的一項調查顯示（Polloway, Epstein, Bursuck, Jayanthi, & Cumblad, 1994），普通教師最喜歡的作業調整為調整作業長度，例如縮短作業的長度或延長完成作業的時間；給予額外的教學協助；同儕協助；同儕讀書會；以輔具協助學習；經常檢查學生作業；允許學生以不同方式做作業，例如口頭或書寫。當然，一份作業是否成功，也要視學生的能力而定。學生除了要具備基本的學科能力外，也要有獨立學習的習慣，並能有效掌握時間。

第四節　融合班教師訪談

問：不同層次的學生如何設計不同的數學作業單？

答：以「時間」這個單元為例，數學有一種作業叫數學日記，數學日記是開放式的，每個學生根據自己的生活經驗和學習環境所寫的日記，這是其中一種比較彈性的方式，教師可以將這一則數學日記和同學分享，請同學將圖畫延續、解答並做結尾。學生會把班上的同學納入圖畫中當故事的主角及配角，並編造他們覺得有趣的故事，最後用他們能理解的方式將問題解答出來。在發表討論的過程中，學生們很樂於這樣的型式，這是讓他們喜歡數學的一個方法。教師可從數學日記中發現學生的無限創意，數學不再是平淡呆板的算式，當數學跟漫畫結合在一起，不但多了情境、樂趣，也拉近了數學跟學生們的距離。圖 13-1，學生以漫畫形式來布題，但是並未就題目給予解答，而是以「待續」的方式將解答留在下一回，教師可以將這一則漫畫延續解答

並做結尾。圖 13-2 ～圖 13-4 是學生延續的作品。除了數學日記還有特別的作業單，教師可能出一個活動讓學生去做，普通生沒有出作業單，因為課本的習作和數學日記已經足夠了，特殊生可能會出兩個，一個給程度稍微好一點，將課本的題目改編，提供方法及範例在下面；第二個可能更簡單的，有教過、有月曆可以操作，就可以回答作業單了。

圖 13-1　數學漫畫

圖 13-2　我會買東西

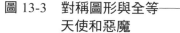

圖 13-3 對稱圖形與全等——
天使和惡魔

圖 13-4 生活中的線對稱圖形——衣物篇

問：教師如何讓作業與 IEP 結合？

答：國語其實滿傳統的，例如讀一個故事、問幾個問題，或是造句、造詞，因為國語大概都可以造出來，就是這些東西。重點是在如何讓其趣味化，讓學生做起來不會覺得枯燥，教師可能會設計一些圖案，設計一些比較有趣的，例如闖關或是將主角換成動物，教師會先去了解學生最喜歡的卡通人物，例如皮卡丘或神奇寶貝，這樣設計時就可以加進去，學生會覺得比較不一樣。

問：作業單會常需要家長的協助嗎？

答：教師會比較偏向讓學生可以盡量獨力完成，家長要協助的就是在學習單後面有一個學生獨立完成多少百分比的部分，請家長觀察這張學習單有多少是學生自己完成的，如果是在百分之六十以下，那就有可能這一張學習單對學生

來說比較困難，教師就要再做調整。教師會比較希望設計的學習單是學生現在目前能力再難一點點，可能有部分是他自己可以完成，有一部分是有一點挑戰度，讓學生不至於有太大的挫折，又可以從這裡將自己能力再提升一點，這是最好的設計。

問：如何將作業與上課內容充分連結？

答：教師在上課過程當中就會帶到作業，所以學生在課堂上就會學習到或討論到，然後學生就會做自己的作業。

問：普通生和特殊生作業單是否有所不同？如何調整難度？

答：一定會不同。有些是同樣可以做的，有些是大部分都不一樣的。調整的部分，基本上有一部分是只給特殊生的作業單，有一部分是只給普通生的作業單，如果是特殊生跟普通生共同都有的作業單，特殊生的作業單上面會給比較多提示，教師會在上面幫學生寫出步驟，或是寫出上半部，下半部是學生要去看教師給他的提示，也就是降低難度，所以特殊生也會有他自己的作業單。

問：如何將 IEP 內容和作業內容結合？

答：已經知道學生能力到那裡，作業裡面就會有這一些要完成目標的作業。

問：作業單設計會要求家長參與或協助嗎？

答：大部分普通生的作業單都可以自己完成，特殊生的作業基本上家長都會協助他們完成，如果是比較簡單的，就是特殊生自己完成然後家長再看，有時候會要求家長完全不要協助，教師要看看學生自己寫出來的會是什麼樣子。而有些比較需要蒐集資料或是需要引導然後記錄的，就會需要家長協助。

問：設計作業單時最大的困難？

答：花時間。

問：除了課本習作還有哪些作業？

答：學習筆記，就是平常上課聽到的，或是比較特別的，學生要將感想寫在上面。有時候教師會貼一些整理的資料或筆記給學生當作業寫，有時候是給學生問題。但對有些學生就比較做不到，他的目標是只要可以查課本習作記錄

起來就可以了。而連這都做不到的，就是寫好讓他按順序貼上去即可，不會
要求他寫，因為這是比較思考性的問題。有些學生也是跟他說在哪裡，他從
課本裡面查然後抄上去。其他學生就會自己寫，筆記的部分就是其他學生要
做筆記，不會做筆記的就用貼的方式替換。

參考文獻

中文部分

戴保羅（譯）（2004）。**學習地圖：21 世紀加速學習革命**。台北市：經典傳訊文化。

英文部分

Bricker, D., & Cripe, J. J. W. (1992). *An activity-based approach to early intervention.* Baltimore: Brookes.

Broun, L. T. (2004). Teaching students with Autistic Spectrum Disorders to read. *Teaching Exceptional Children, 36*(4), 36-40.

Hubbard, L. R. (2000). *Learning how to learn.* CA: Bridge Publications.

Johnson, D. W., & Johnson, R. T. (1994). *Learning together and alone* (4th ed.). Needham Heights, MA: Allyn and Bacon.

Kluth , P., Straut, D. M., & Biklen, D. P. (2003). *Access to academics for all students: Critical approaches to inclusive curriculum, instruction and policy.* London Routledge: Douglas Biklen.

Mayle, J. (1979). *Maladies and remedies for modifications for mainstreamed adolescents with academic difficulties.* Plymouth, Michigan: Community School District.

McCoy, K. (2005). Strategies for teaching social studies. *Focus on Exceptional Children, 38*(3), 1-14.

Myles, B. S. (2005). *Children and youth with Asperger Syndrome: Strategies for success in inclusive setting.* Corwin Press, Thousand Oaks, CA.

National Council of Teachers of Mathematics (ed.) (2000). *Principles and standards for school mathematics.* Reston, VA: NCTM.

Patton, J. R. (1994). Practical recommendations for using homework with students with learning disabilities. *Journal of Learning Disabilities, 27,* 570-578.

Polloway, E. A., Epstein, M. H., Bursuck, W. D., Jayanthi, M., & Cumblad, C. (1994). Homework practices of general education teachers. *Journal of Learning Disabilities, 27*, 500-509.

Sharan, S., & Russell, P. (1984). *Cooperative learning in the classroom: Research in desegregated schools.* Hillsdale, NJ: Lawrence Erlbaum Associates.

Slavin, R. E. (1978). Effects of student teams and peer tutoring on academic achievement and time on-task. *Journal of Experimental Education, 48*, 252-257.

Uesaka, Y., & Manalo, E. (2011). Task-related factors that influence the spontaneous use of diagrams in math word problems. *Applied Cognitive Psychology, 26*, 251-260.

Williams, D. (1996). *Autism: An inside out approach.* London: Jessica Kingsley Publishers.

Williams, D. (2003). *Nobody nowhere: The extraordinary autobiography of an autistic.* New York: Avon.

國家圖書館出版品預行編目（CIP）資料

融合教育教材教法／吳淑美著.--初版.
　--新北市：心理，2016.02
　　面；　公分.--（障礙教育系列；63137）
　　ISBN 978-986-191-700-9（平裝）

　1.融合教育　2.教材教學

529.54　　　　　　　　　　　　　105000443

障礙教育系列 63137

融合教育教材教法

作　　者：吳淑美
執行編輯：高碧嶸
總 編 輯：林敬堯
發 行 人：洪有義
出 版 者：心理出版社股份有限公司
地　　址：231 新北市新店區光明街 288 號 7 樓
電　　話：(02) 29150566
傳　　真：(02) 29152928
郵撥帳號：19293172　心理出版社股份有限公司
網　　址：http://www.psy.com.tw
電子信箱：psychoco@ms15.hinet.net
駐美代表：Lisa Wu（lisawu99@optonline.net）
排 版 者：臻圓打字印刷有限公司
印 刷 者：正恒實業有限公司
初版一刷：2016 年 2 月
I S B N：978-986-191-700-9
定　　價：新台幣 280 元